Claude Michelet

Claude Michelet est né en 1938, à Brive-la-Gaillarde, en Corrèze. En 1945, la famille vient s'installer à Paris pour suivre son père, Edmond Michelet, nommé ministre des Armées dans le gouvernement du général de Gaulle. S'étant destiné dès quatorze ans au métier d'agriculteur, Claude Michelet s'installe dans une ferme en Corrèze, après avoir effectué son service militaire en Algérie. Éleveur le jour, il écrit la nuit. Il publie en 1965 un premier roman, *La terre qui demeure*, suivi de *La grande Muraille* et d'*Une fois sept*. Parallèlement, il collabore à *Agri-Sept*, hebdomadaire agricole. En 1975, *J'ai choisi la terre*, son plaidoyer en faveur du métier d'agriculteur, est un succès. La consécration a lieu avec le premier volume de la tétralogie retraçant l'histoire de la famille Vialhe, *Des grives aux loups*, qui fait l'objet d'une adaptation télévisuelle. Comme en témoignent ses romans ultérieurs, son goût pour la vie paysanne, qu'elle ait ses racines en France ou au Chili (*Les promesses du ciel et de la terre*, 1985-1988), est pour lui une source d'inspiration romanesque sans cesse renouvelée.

Comptant parmi les fondateurs de l'école de Brive qui a réuni plusieurs écrivains autour d'un amour commun pour le terroir, Claude Michelet est aussi l'auteur du livre le plus lu dans le monde rural, *Histoires des paysans de France* (1996).

LA GRANDE MURAILLE

DU MÊME AUTEUR
CHEZ POCKET

1. DES GRIVES AUX LOUPS
2. LES PALOMBES NE PASSERONT PLUS
3. L'APPEL DES ENGOULEVENTS
4. LA TERRE DES VIALHE

CETTE TERRE EST LA VÔTRE
LA NUIT DE CALAMA
ROCHEFLAME
UNE FOIS SEPT
J'AI CHOISI LA TERRE
EDMOND MICHELET MON PÈRE
HISTOIRES DES PAYSANS DE FRANCE

1. LES PROMESSES DU CIEL ET DE LA TERRE
2. POUR UN ARPENT DE TERRE
3. LE GRAND SILLON

LES DÉFRICHEURS D'ÉTERNITÉ

Claude et Bernadette MICHELET

QUATRE SAISONS EN LIMOUSIN
POUR LE PLAISIR, SOUVENIRS ET RECETTES

CLAUDE MICHELET

LA GRANDE MURAILLE

roman

ÉDITIONS ROBERT LAFFONT

ISBN: 2-266-13117-6

I

Le 1er juillet 1914 les habitants du village des Landes apprirent la nouvelle. De toute façon, pour la majorité des gens, l'événement qui s'était déroulé le 28 juin ne revêtait qu'une importance minime. L'instituteur, le curé et le notaire étant sans doute les seuls à savoir que Sarajevo était une ville de Bosnie, l'ensemble de la population se soucia peu de ce qui avait pu s'y passer.

On apprit bien sûr qu'un certain archiduc François-Ferdinand s'y était fait assassiner. Mais on était dans un bourg farouchement républicain et la victime était un sang bleu : on ne s'en inquiéta pas outre mesure. De plus, les moissons commençaient et le temps n'était pas aux bavardages. Il n'était pas aux bavardages et pourtant le cas Firmin Malpeyre revenait dans toutes les conversations. Son histoire, oui, méritait qu'on s'y arrête.

On ne comprenait pas pourquoi la présence de Firmin était indispensable chez le notaire. Certes il était de la famille, lui aussi, mais nul n'ignorait qu'un reniement réciproque et virulent le séparait des autres depuis longtemps.

Chacun savait qu'une sévère empoignade avait dressé Firmin contre son oncle peu de temps avant la mort de ce dernier. Quelques bonnes langues insinuaient même que c'était la colère qui avait tué le vieux. L'idée était un peu outrée mais beaucoup la trouvaient à leur goût sans ignorer au demeurant que l'oncle était mort d'une maladie d'estomac...

Non, ce qui était moins naturel c'était la convocation de Firmin pour l'ouverture du testament.

Déjà, les femmes du bourg savaient qu'il ne manquait plus que lui. Certaines prédisaient qu'il ne se dérangerait pas, qu'on ouvrirait peut-être le testament sans lui et qu'il aurait ainsi un bon prétexte pour relancer une querelle que la mort de l'oncle risquait d'attiédir.

Mais, tapies derrière leurs volets entrebâillés, les femmes aperçurent soudain Firmin qui, d'une allure nonchalante, se dirigeait vers l'étude. Elles lui trouvèrent un air narquois et arrogant et jugèrent qu'il ne faisait rien pour s'attirer l'indulgence : il était débraillé et un pan de sa chemise dépassait du pantalon. Elles estimèrent que sa tenue était choquante ; ses cousins, eux, avaient mis leur tenue du dimanche ! Mais lui, Firmin, il était là dans ses vêtements de tous les jours et une légère poussière de foin s'était collée sur ses épaules.

Il pénétra dans l'étude d'un pas décidé et instinctivement toutes les femmes se penchèrent comme pour essayer d'écouter ce qui allait se dire tout là-bas.

Me Larafeuille toussota pour s'éclaircir la voix. Il nota avec plaisir que le silence se rétablissait instantanément et acheva dans un calme religieux le délicat nettoyage de son lorgnon.

C'est après avoir chaussé celui-ci sur l'arête osseuse de son nez qu'il promena ses yeux gris sur l'assistance. Constatant que toutes les personnes convoquées étaient enfin présentes, il commença alors à tripoter une grande enveloppe jaunâtre.

— Mesdames, messieurs, dit-il, vous êtes ici pour prendre connaissance du testament du regretté Alfred Malpeyre, voici sa teneur : « Je lègue à mon fils Émile la totalité de ma propriété, exception faite pour les pièces suivantes : La grande plaine, d'une contenance de 3 ha 45 ares 28 centiares, que je donne à mon fils Edmond. La pièce ronde, d'une contenance de 3 ha 50 ares, que je donne à Léonie ma fille. Il est naturellement entendu que pour entrer en possession de cet héritage mon fils Émile devra dédommager son frère et sa sœur, subvenir aux besoins de sa mère et lui assurer une vieillesse paisible. »

Un léger brouhaha bourdonna dans l'étude et Me Larafeuille leva la main pour rétablir le silence.

— Un instant, dit-il, il reste une clause !

Tous les regards se tournèrent alors vers Firmin Malpeyre. Il souriait sous sa moustache blonde et ses yeux bleus se posèrent sur Émile Malpeyre. Il nota avec plaisir que ce dernier était inquiet. Il regarda ensuite Edmond et fut presque dépité de le trouver calme. Quant à Léonie, il lui cligna de l'œil et eut la satisfaction de la voir rosir. Il dédaigna la femme d'Émile et également la vieille Berthe qui, figée dans ses voiles noirs, attendait sans mot dire la suite des événements.

— Voici la dernière volonté du pauvre défunt, annonça Me Larafeuille : « A mon neveu Firmin Malpeyre, je donne la pièce dite le bois des Roches d'une contenance de 80 ares 55 centiares. Ce sont mes dernières volontés. Fait aux Landes le vingt-trois juin mille neuf cent quatorze. » Comme vous le voyez, expliqua le notaire, ce regretté Alfred s'est senti partir. Il y a à peine huit jours qu'il est venu faire ce testament dont nul, je l'espère, ne conteste la validité ?

— Non, non ! s'empressa de dire Émile, tout est en règle !

— Je pense bien, commenta Firmin, tu ramasses presque tout, c'est pas toi qui vas te plaindre !

— Tu n'es pas satisfait ? interrogea Émile, déjà agressif.

— Moi ! s'exclama Firmin, mais moi, mon petit vieux, je m'en fous de vos histoires !

— Comme d'habitude... grinça la vieille Berthe.

— Allons, allons ! intervint le notaire.

— D'ailleurs, tu n'as rien à dire ! Sans le père, tu ne serais pas là ! insista Émile.

— Nous t'avons élevé comme un fils ! renchérit la veuve.

— Je sais, c'est pas nouveau ! lâcha Firmin en se levant. Allez, portez-vous bien, au revoir tante, salut cousins.

Il lança un petit sourire à sa cousine Léonie et quitta l'étude avec la certitude que la conversation roulerait sur son dos pendant plusieurs minutes.

Le soleil aveuglant de cet après-midi de juillet lui fit cligner les yeux. L'air sentait le foin sec et la terre chaude. Les chênes rabougris qui ceinturaient le bourg des Landes tremblotaient sous les rayons trop crus qu'aucun nuage ne filtrait. Une torpeur épaisse engourdissait le pays et le causse tout entier somnolait dans une sieste moite. L'eau croupissait dans les citernes presque vides et, dans les bergeries étouffantes, les sèches brebis du Lot frissonnaient doucement pour échapper aux mouches.

« Faut être fou pour être dehors par cette chaleur, songea Firmin, faut être fou oui ! ou alors faut hériter ! »

Il se mit à rire de bon cœur en pensant à son

nouveau bien. La farce que lui faisait son oncle en lui léguant cette maudite pièce du bois des Roches était bien digne du défunt.

« L'oncle était un vieil âne, pensa Firmin, Émile lui ressemble. N'empêche, il avait peur avant de connaître mon héritage ! (Il répéta ce mot à mi-voix et s'en amusa.) Héritage, héritage ! J'hérite de mon oncle ! Je suis le riche propriétaire d'une pièce que personne n'a jamais pu cultiver et que personne ne cultivera jamais car les cailloux cachent la terre ! Tout compte fait, peut-être qu'il n'y a même pas de terre sous les cailloux, peut-être qu'il y a des pierres sur dix mètres de profondeur ! Ah vingtdiou, quel bel héritage ! »

Il n'était pas dépité de ce don sans valeur, qui lui rappelait la situation dans laquelle il se trouvait. On venait de lui abandonner un lopin qui ne valait rien, absolument rien. Ce faisant, on lui donnait ce à quoi il avait droit, on lui offrait son complément. Toute l'explication était là. Ce legs devenait une sorte de vengeance posthume dont le seul but était de faire rire toute la commune. C'était une revanche imparable puisque son auteur était pour toujours à l'abri de la riposte. C'était une joyeuse blague et si les autres s'imaginaient que Firmin en serait vexé, c'était bien la preuve qu'ils ne le connaissaient pas. Comment auraient-ils d'ailleurs pu le connaître alors que lui-même s'étonnait encore souvent de ses propres réactions ?

Il sortit de sa poche un paquet de tabac et roula une cigarette tout en se dirigeant vers la petite maison qu'il possédait un peu en dehors du village. Cette masure basse, de deux pièces, était le seul bien qui lui venait de ses parents. Elle était à ses yeux comme la revenante d'un passé nébuleux qu'il aurait voulu oublier. Pour lui, le passé était triste. Triste et sombre comme ces deux enterrements presque simultanés qu'il avait suivis tout gosse sans en mesurer, et heureusement pour lui, toutes les répercussions.

C'était d'abord le père qui était parti. Tué bêtement, en pleine force de l'âge, d'un de ces accidents dont on dit qu'ils sont stupides.

Une charrette sûrement vétuste et qui, d'un coup, perd une roue.

L'homme qui marche à ses côtés ne comprend rien à ce qui lui arrive.

Il va, heureux de son travail, et reçoit tout à coup deux stères de ce bois qu'il a lui-même abattu et tronçonné.

Il meurt écrasé en se disant sans doute que c'est idiot. Il meurt seul, broyé par son propre labeur, et laisse derrière lui une femme déjà agonisante et un gamin de cinq ans.

La mère de Firmin avait souffert quinze grands jours avant de rejoindre son jeune époux.

Belle, mais trop fluette et trop pâle, elle se laissait ronger depuis plusieurs années par ce mal des poumons qui, tout en lui restreignant le souffle, consumait en même temps l'ensemble de leur propriété. Le docteur, les drogues et les médicaments avaient ouvert de grandes brèches dans le domaine. Lorsque la jeune femme était morte, il ne restait en tout et pour tout que la maison et son enclos.

Firmin avait suivi deux obsèques en quinze jours. C'est au soir des secondes que l'oncle Alfred, frère de son père, l'avait glissé dans sa famille comme on glisse une feuille volante entre les pages d'un livre bien relié. La feuille ne s'était pas confondue avec les autres et, au fil des ans, elle avait de plus en plus dépassé du volume.

L'oncle Alfred et la tante Berthe n'étaient pas méchants. Sans doute même étaient-ils bons. Malgré tout, ce n'était qu'un oncle un peu brutal et sévère et une tante déjà aigrie.

Firmin n'avait jamais voulu ni pu s'intégrer. Il y avait en lui quelque chose d'incontrôlable qui le poussait, non pas au mal, mais simplement à la contradiction. Il fallait qu'il s'affirmât. Il avait un besoin physique de s'opposer à son oncle quoi qu'il lui en coutât, c'était pour lui le seul moyen dont il disposait pour se venger de ces deux injustices, de ces deux morts, dont il était la vivante victime. Pour ses parents adoptifs, c'était là un phénomène beaucoup trop subtil. Ils avaient bien vite catalogué leur neveu dans les mauvaises graines alors qu'il était tout au plus une graine d'espèce différente. Firmin avait vécu une enfance faite de rébellions étouffées à coups de taloches. Il avait d'ailleurs vite pris un très net plaisir à tenir tête, un peu pour jouir des colères de son oncle et beaucoup pour voir ce dont lui-même était capable dans l'exploitation du délicieux domaine de l'indépendance. C'était exaltant, et en fin de compte son enfance aurait pu être beaucoup plus malheureuse qu'elle ne l'avait été. Il gardait néanmoins de toute cette période un souvenir douloureux.

Pour lui, son cousin Émile resterait toujours ce gamin plus âgé, imbu de sa qualité d'aîné. Émile avait toujours su lui faire sentir que lui au moins avait un père, une mère, et également une belle propriété. Pour Edmond, c'était autre chose ; du même âge que Firmin, il laissait dans la mémoire de ce dernier le souvenir d'un garçon doux et un peu bébête, qui tremblait lorsque le père levait dans sa direction un sourcil interrogateur. Firmin et Edmond ne s'étaient jamais chipotés. Ils avaient vécu côte à côte sans heurt mais également sans amitié car Firmin désapprouvait le caractère trop tiède de son cousin. Pour Firmin, bouillant, bagarreur et indépendant, l'affrontement avec un Émile surpassait de très loin la fréquentation sans saveur d'un Edmond toujours paisible.

Au reste, depuis lors, Edmond avait mal tourné. Il était depuis deux ans au grand séminaire et c'était pour Firmin l'aboutissement logique, mais aussi dégradant, d'une jeunesse mièvre. D'une adolescence toute peuplée de concessions et de renoncements au profit des parents, du frère et même de la jeune sœur, du maître d'école, des adjudants et de pire encore.

Firmin se demandait parfois comment son pâle cousin avait pu supporter sans faiblir les brimades du service militaire. Lui, il avait su le prendre au mieux et en gardait un bon souvenir. L'humiliation des corvées, des revues et des consignes avait depuis longtemps fait place aux images nostalgiques qu'il gardait des filles, peut-être trop légères mais qu'importe, qu'il avait connues et séduites avec une facilité dont il n'était pas peu fier. Mais pour Edmond, ce presque curé, cette période avait dû manquer de charme.

Firmin pensa soudain à Léonie. Il ne faisait aucun doute qu'elle succomberait sous peu. Déjà, elle venait aux rendez-vous. Elle acceptait également les baisers, entre cousins c'est permis, mais il sentait très bien qu'il y avait autre chose entre eux.

« Peut-être que je l'épouserai, pensa-t-il, Émile et la vieille gueuleront mais on s'en fout, elle est majeure. »

Il lui avait fallu l'éloignement créé par le service militaire pour découvrir une belle fille dans cette Léonie qu'il avait impitoyablement méprisée dans sa jeunesse.

« Bien sûr, pensa-t-il encore, je n'ai pas de situation, mais baste ! »

Et c'était vrai qu'il n'avait rien ou presque rien pour vivre. Il coulait cependant des jours heureux, offrant ses services aux voisins, se louant parfois pour quelques semaines et cultivant sans souci dans son petit enclos de quoi subvenir à ses faibles besoins. Il se faisait aussi quelques piécettes le dimanche matin en offrant ses services de coiffeur occasionnel. Comme il avait un bon coup de main et que nulle oreille ne lui était restée entre les doigts, il gagnait sans peine plus qu'il ne dépensait, mais ses gains étaient quand même trop faibles pour fonder une famille.

— De toute façon, murmura-t-il en riant, je suis maintenant et grâce à l'oncle un riche propriétaire !

Il pénétra chez lui en sifflotant, referma la porte et décida de reprendre sa sieste interrompue.

Il s'éveilla vers cinq heures, s'étira, puis, dans la pénombre de la pièce aux volets clos, se dirigea vers l'évier et s'aspergea d'eau fraîche.

Grand et bien bâti, il se savait fort et résistant. Il était bel homme aussi, mais ne tirait aucune vanité de toutes ces qualités. Il les appréciait comme un don et en jouissait avec la fière aisance de ses vingt-cinq ans. Il se regarda dans un petit miroir fêlé, passa la main sur ses joues et fronça les sourcils en entendant crisser la barbe.

— Ça pousse vite avec cette chaleur.

Essuyant sa moustache d'un revers du bras, il

poursuivit son monologue et se demanda ce qu'il allait faire dans l'immédiat.

Sa vie de célibataire lui laissait une totale liberté. Il se souvint qu'il n'avait rien préparé pour dîner et qu'il serait beaucoup plus simple de se faire offrir la soupe par un voisin. C'était facile. Il suffisait d'en choisir un au hasard et d'aller l'aider à rentrer ses foins. Les foins étaient peu brillants cette année-là. On avait retardé leur coupe dans l'espoir qu'une bonne pluie viendrait leur donner le volume qu'un printemps sec n'avait pu fournir. La pluie n'était pas venue, le fourrage était maigre, mais il fallait quand même l'engranger.

Firmin enfila sa chemise et décida d'aller chez les Chastaing, c'étaient de braves gens et il aimait leur compagnie. La veille au matin, il leur avait déjà mis bas un gros morceau de pré et les andains couchés par sa faux devaient être secs.

« Le foin moisira pas cette année, se dit-il, Bondiou quelle chaleur ! »

Il se coiffa d'un vieux chapeau de paille et se dirigea vers le bourg.

Avec le soir qui venait, la vie reprenait aux Landes. Le village bruissait et s'activait et il en serait ainsi tard dans la nuit. Il fallait profiter de la fraîcheur qui descendait pour rattraper les heures de repos.

Un peu partout les charrettes quittaient les fenils surchauffés. Les vaches, elles aussi engourdies par la sieste, tiraient lentement les attelages grinçants.

— Oh Firmin ! lança le père Delfour du pas de sa porte, tu viens nous donner la main ?

— Non, peux pas, j'ai promis chez les Chastaing, répliqua Firmin en souriant.

Il n'avait rien promis à personne et était libre d'aller chez qui il voulait mais il appréciait peu la maison Delfour. Eux aussi étaient pourtant de bons voisins mais leur fille, hélas, était aussi laide qu'elle était chaude ! Firmin ne se sentait aucune attirance pour ses dix-sept ans sans fraîcheur. Bien que la rumeur publique fût unanime pour dire que la donzelle savait à merveille faire oublier sa disgrâce, Firmin ne se sentait absolument pas disposé à remplir la tâche d'étalon à laquelle elle le destinait sans doute.

— Ah non, maugréa-t-il, pas elle, même pas avec un sac sur la tête ! D'ailleurs cette garce attend le mariage et fera tout pour se faire faire un gosse, malheur à celui qui ira trop près d'elle !

Il s'éloigna en sifflotant, passa devant le presbytère et aperçut le vieux curé. Comme il n'avait rien à lui reprocher il le salua d'un aimable coup de chapeau.

— Alors Firmin, jeune galopin ! lança le vieillard en riant, te voilà riche héritier !

Firmin fronça les sourcils puis s'approchant du mur de clôture, il s'y accouda.

— Je parie que c'est mon cousin curé qui

vous a mis au courant ? dit-il en rejetant son chapeau sur la nuque.

— Oui, c'est lui, mais il n'est pas encore curé, tu sais bien !

— Bof ! c'est tout comme, il porte déjà son deuil !

— Tu ne changeras pas, dit le prêtre en riant, tu sais bien que la soutane ne fait pas le curé, pas plus que l'habit ne fait le moine.

— N'empêche, celui-là vous l'avez bien embrigadé, ajouta Firmin d'un ton ironique, mais au fait, monsieur le curé, vous touchez combien pour chaque recrue ?

— Arrête un peu, Firmin, ton cousin est un très brave petit et tu gagnerais à vivre un peu plus comme lui au lieu de courir à droite et à gauche comme tu le fais !

— C'est vrai, reconnut Firmin, c'est un brave petit comme vous dites, il est à la fois beaucoup plus et beaucoup moins tordu que le reste de la famille, moi je l'aime bien ce petit curé-là.

— Tu n'as pas à te plaindre de ton oncle puisque tu viens d'hériter !

— Mais je ne me plains pas, ni de lui ni de personne. Au fait, vous connaissez ma nouvelle propriété ?

— Je la situe mal.

— Mais si, tenez, expliqua Firmin, vous suivez le chemin des combes nègres, vous tournez le troisième sentier à gauche dans le bois des

Truffières, vous marchez deux cents mètres dans les ronces et c'est là !

— Ah c'est là... dit le curé en hochant la tête.

Il découvrait l'étendue de la brimade et en souffrait.

« Vrai, pensa-t-il, Alfred aurait pu se dispenser de cette dernière trouvaille, le lot ne vaut rien et c'est bien pour cela que Firmin en hérite ! Non, c'est pas bien, c'est une méchanceté. »

— Dis-moi, demanda-t-il, j'espère que tu... tu ne vas pas te fâcher avec tes cousins, pense que ta tante t'a...

— Je sais, je sais, coupa Firmin, elle m'a élevé, la pauvre garce. Allez, soyez sans crainte, j'en veux à personne et pour tout dire, je m'en fous !

— Bien sûr, bien sûr, mais tu ne pourras pas toujours vivre en te... moquant des autres ! Songe à ton avenir et à ton foyer !

— Mais oui, dit Firmin d'un air entendu, on verra plus tard, pour le moment, je suis libre comme le vent. Té, la preuve, voyez, je partais pour aider les Chastaing, hé ben non, j'irai pas. Nom de... un chien ! lança-t-il en frappant le mur de pierres sèches du plat de la main, faut que j'aille voir mon héritage ! Allez, bonsoir monsieur le curé et surtout, portez-vous fier.

Firmin dut faire un détour par les bois pour accéder à la pièce des Roches. Le sentier, envahi par les ronces et les buissons noirs, était impraticable et démontrait clairement que le lieu où il aboutissait était abandonné, même par les brebis.

A vrai dire, Firmin n'avait jamais entendu dire que la parcelle dont il venait d'hériter ait jamais reçu le moindre soin. Il connaissait le bois des Roches, ainsi que les alentours, depuis sa plus tendre enfance. Il était chez lui dans ces bois et ces plateaux caillouteux du Quercy. Mille souvenirs pouvaient jaillir à sa mémoire à la seule vue d'un arbre, d'un buisson, d'une croisée de sentiers, d'une grotte, ou même d'un simple tas de cailloux.

Ici, c'était le rappel encore fier du premier lièvre tué. Là, dans cette niche broussailleuse, c'étaient les nombreux rendez-vous galants que le gros buisson d'épines avait abrités. Ailleurs et partout, c'était toute sa jeunesse avec son armature de promenades, d'arbres auxquels on grimpe, de nids qu'on visite, de perdreaux qu'on traque, et de filles, soi-disant innocentes, qu'on entraîne dans le sous-bois mousseux.

Il atteignit enfin le bois des Roches et s'arrêta.

— Alors, la voilà ma propriété !

Il constata avec étonnement que la vision qu'il avait eue jusque-là de ce champ de cailloux n'était plus tout à fait la même.

Quelque chose de neuf, peut-être un simple instinct de propriétaire, le forçait à mieux détailler le paysage.

Il se surprit à imaginer le nombre d'années

qu'il faudrait si jamais l'envie lui venait de cultiver et de mettre en valeur la totalité de son bien.

« Non, c'est pas faisable, y a trop de pierres, pensa-t-il en remuant la tête. Et pourtant, c'est beau, même avec les cailloux. »

Ceinturée par d'immenses forêts de chênes, dont beaucoup étaient truffiers, la parcelle s'étalait dans une petite cuvette naturelle aux pentes douces. Ici, et beaucoup plus encore qu'alentour, la végétation était mesquine et souffreteuse. Quelques misérables chênes, aussi noueux que des ceps de vigne et pas beaucoup plus gros, glissaient leurs racines calleuses entre les rares interstices qui lézardaient la couche de cailloux.

Genévriers et buis biscornus se cramponnaient çà et là et semblaient se nourrir de pierres. Des graminées ligneuses, sèches depuis longtemps, faisaient des taches grises au milieu des dalles blanches qu'une incongruité de la nature avait déposées là en une telle quantité que la cuvette entière était un lac minéral, aride, décourageant.

Un peu partout, des monticules effondrés de rocaille témoignaient que les hommes s'étaient servis du lieu pour se débarrasser des innombrables pierres ramassées dans les champs. A la base des tas, c'étaient les gros moellons, ceux qu'on enlève lorsqu'on décide de défricher une pièce. Et puis, peu à peu, par étage, le volume des quartiers diminuait. On sentait que chaque nouveau labour avait mis en surface des morceaux plus petits, plus maniables. Les tas étaient couverts de petites caillasses, grosses comme le poing, que des générations et des générations de femmes et d'enfants avaient glanées derrière les herses.

Firmin s'avança. Une compagnie de perdreaux rouges démarra entre ses pieds. Les jeunes, encore minuscules et à peine volants, se groupèrent derrière les parents et planèrent jusqu'au centre de la cuvette. Là, ils piétèrent dans les cailloutis, puis s'évanouirent entre les pierres.

« Eh bien, pensa Firmin, j'ai au moins une compagnie de rouges chez moi. Ils seront bons pour l'ouverture ceux-là, sûr qu'ils doivent se plaire dans ce désert, c'est juste le boire qui leur manque. »

Il reprit sa marche et, tout en trébuchant dans les cailloux, fit le tour du champ.

« Y a pas un gramme de terre », constata-t-il en se baissant. Il ramassa un petit bloc de calcaire brut, le tourna et le retourna. La pierre était tiède et sentait la poussière.

« Et pourtant, miladiou, y a quelques arbres qui poussent, faut bien qu'ils aient quelque chose qui les force au cul, ça vit pas d'air ! »

Il s'approcha d'un chêne nain, aux branches torturées, et déplaça avec les pieds les cailloux qui ceinturaient la base du tronc.

Un gros lézard vert fila entre ses jambes puis disparut dans une fissure. Firmin se gratta le crâne, regarda une nouvelle fois l'ensemble de la pièce et sacra entre ses dents.

Vraiment l'héritage de l'oncle était une bonne blague.

« Ah le vieux bougre, il aurait bien pu la laisser à Émile cette garce de carrière, moi j'en ai rien à foutre ! Je trouverai même pas assez de terre pour remplir un pot de fleurs ! Mais alors toi, dit-il en s'adressant au chêne, qu'est-ce que tu bouffes ? Et ces genévriers, et ces buis, et cette lavande sauvage, de quoi ça vit tout ça ? Nom d'un chien de vérole, je le saurai ! »

Il se décida d'un coup, à la fois pour satisfaire sa curiosité mais surtout pour ne pas rester passif devant un phénomène apparemment inexplicable. Il s'agenouilla au pied de l'arbre et commença à retirer les pierres, une à une. Il dénuda une racine, vit qu'elle se glissait dans l'amalgame caillouteux, retira d'autres pierres et comprit que son travail était vain.

— Hé, on verra ce qu'on verra, mais je trouverai bien où tu vas !

Il lança les cailloux derrière lui et s'attaqua farouchement à une nouvelle couche.

Desserrant autour de la racine l'étau calcaire qui la torturait, il creusa un entonnoir d'où, une heure plus tard, seul dépassait son torse luisant de sueur.

C'était stupide de s'éreinter ainsi à creuser pour satisfaire une simple curiosité. Il s'acharna cependant et le trou eut plus d'un mètre de profondeur lorsque le soleil disparut derrière le bois des Truffières.

— Bonté, c'est pas possible ! souffla Firmin en mesurant des yeux l'épaisseur de la couche pierreuse.

Il regarda à ses pieds, cracha dans ses mains et extirpa un gros quartier. Avant même de l'avoir vue, il sut que la terre était enfin là. Il la sentit car son odeur imprégnait le caillou qu'il tenait. Il la devina car sous ses sandales le sol répondait à la pression.

Il en ramassa une grosse poignée. Il tritura entre ses doigts cette terre vierge, épaisse, rougeâtre, humide, qui n'avait pas vu le soleil depuis des millénaires. Il la trouva belle.

Écartant quelques nouvelles pierres, il dégagea la racine et sourit en la voyant s'épanouir et s'étaler enfin dans cette couche arable qu'il venait de découvrir.

II

C'est à la nuit que Firmin rentra chez lui. Il était content, mais tout au fond de lui il s'en voulait de l'être. Il n'y avait, en effet, aucune raison d'être heureux de sa découverte. Bien sûr, c'était à la fois attrayant et réconfortant d'avoir trouvé de la vraie terre dans ce champ de cailloux. Mais cela suffisait-il à justifier son contentement ?

« D'ailleurs, pensa-t-il, terre ou pas terre, ça revient au même, faudrait être fou pour s'attaquer à ce carreau. Personne n'en viendra jamais à bout et on n'est pas à la veille de semer là-bas simplement une demi-cartonnée d'avoine ! La terre est sûrement bonne pourtant mais elle est bien protégée. N'empêche, les fruitiers, la vigne, les noyers et aussi les truffiers y viendraient mieux qu'ailleurs. De toute façon, c'est pas faisable, y a trop de pavés. Pour s'en débarrasser, faudrait monter un mur d'au moins deux mètres en tous sens autour de la pièce ! Et encore, probable qu'il en resterait assez pour bâtir un village avec son église et sa mairie ! »

Il se mit à rire et alluma le feu. Déposant ensuite entre les flammes un fait-tout rempli d'eau, il y jeta quelques légumes et s'offrit deux tranches de jambon et trois verres de vin en attendant que la soupe soit prête.

« Merde ! pensa-t-il soudain, j'avais rendez-vous avec Léonie. »

Il se reprocha d'avoir oublié la jeune fille puis, constatant qu'il n'avait qu'une demi-heure de retard, il abandonna la marmite sur le foyer et s'élança dans la nuit.

Il arriva vite à la ferme de son enfance dont Émile était le nouveau propriétaire. La famille entière vivait là car la maison était assez vaste pour loger tout le monde et la propriété suffisamment grande pour employer tous les bras.

Firmin se coula derrière la grange et jeta un coup d'œil dans l'étable. Apercevant Léonie en train de traire, il siffla doucement.

— Tu es en retard, dit la jeune fille sans interrompre son travail.

Il la regarda et songea que l'éclairage de la lampe à pétrole la rendait plus belle encore, plus secrète.

— C'est vrai, reconnut-il, j'étais à mon héritage.

— Tu veux cultiver les cailloux ? demanda-t-elle en riant.

— Qui sait... dit-il après un long silence.

Elle acheva consciencieusement de vider le pis de la vache et se leva.

— Moi, dit-elle en versant le lait dans une grande jatte de terre, je vais vendre ma pièce à Émile.

— Peut-être que c'est pas bête, dit-il après un instant de réflexion.

— Et Edmond fait pareil, poursuivit-elle en se dirigeant vers la lucarne derrière laquelle il se tenait.

Elle passa le bras par l'ouverture et lui caressa la joue.

— Tu viens ? demanda-t-il.

— Hé non, faut que j'aille à la soupe, les autres y sont déjà.

— Dommage, mais alors viens me voir demain aux Roches, tu veux ?

— Peut-être, minauda-t-elle, mais si je viens, ce sera le matin, vers dix heures.

— Je te ferai visiter mon domaine, promit-il en souriant.

Il lui embrassa doucement l'intérieur du bras et s'éloigna.

— Firmin, c'est de la mauvaise graine, décida Émile en remplissant les assiettes de soupe de toute la famille. C'est de la mauvaise graine mais je m'entendrai quand même avec lui. N'empêche, le père aurait mieux fait de ne rien lui donner !

— Bah, dit la vieille Berthe, qu'est-ce que ça

peut te faire ? Le bois des Roches ne vaut rien ! Moi je te dis que ton père a bien fait.

— Peut-être ! mais en attendant Firmin a maintenant une enclave en plein chez moi, avec droit de passage, moi ça me gêne.

— Pffff, la belle affaire, assura sa femme, il n'y mettra jamais les pieds.

— De plus, renchérit la vieille, si tu lui parles d'acheter il te fera languir. Et puis crois-moi, c'était pas dans l'idée du père que tu achètes.

La conversation tomba pendant quelques instants et seul le bruit des lèvres happant la soupe plana dans la salle.

— Firmin n'est pas mauvais bougre, déclara enfin Edmond.

Son frère le regarda et fit la moue.

— Oh ! avec toi personne n'est mauvais bougre ! Tu m'as l'air de faire un drôle de confesseur ! De toute façon, je pense quand même qu'il me vendra, c'est son intérêt, non ?

— Tu verras, tu verras, grinça la mère.

Elle s'essuya la bouche d'un revers de manche puis se tournant soudain vers sa fille :

— Toi, j'y pense, t'avise pas de suivre le Firmin, prends-y bien garde...

— Mais... dit Léonie.

— Prends-y garde, insista sa mère, et fais bien attention que moi, je t'ai vu rougir ce tantôt ! Et puis tais-toi, chez nous on se fréquente pas entre cousins germains, ça s'est jamais fait et c'est pas un gueux comme Firmin qui changera la coutume !

— Mais on ne se fréquente pas.

— Tais-toi et prends garde... D'ailleurs, acheva-t-elle, tu peux demander à ton frère, même le curé voudrait pas.

Léonie haussa les épaules. Elle n'avait aucune envie d'épouser Firmin. Il était, pour l'instant, un ami très agréable, beau, fort et amusant, mais l'épouser, oh non ! Et puis, il n'avait pas de quoi nourrir une femme !

Quand Firmin entra chez lui, il constata que la soupe bouillait à gros flocons et qu'elle avait diminué de moitié. Il la retira du feu, coupa quelques larges tranches de pain de seigle qu'il mit dans le bouillon et recouvrit la soupière.

« Alors comme ça Émile rachète les terres du vieux, songea-t-il en contemplant le feu, ben il a raison, le petit curé n'a pas besoin de terre, quant à Léonie, baste, ça grossira sa dot. Après tout, peut-être qu'il va vouloir m'acheter, pour ne pas avoir d'enclave. »

Avisant une pomme qui traînait sur la table, il la croqua tout en puisant dans l'évier une assiette douteuse et une cuillère toute grasse.

Il essuya son couvert d'un coup de torchon tout bruni par un usage trop prolongé et chercha la louche des yeux.

— Où elle est passée encore ?

Il trouva l'ustensile qui gisait sous la table et le plongea dans la soupière.

« Faudra que je me décide un jour à ranger cette baraque », pensa-t-il en soufflant sur son bouillon.

La petite maison aurait d'ailleurs pu être beaucoup plus sale qu'elle ne l'était, car si Firmin supportait aisément une certaine négligence il s'insurgeait dès que la crasse dépassait une honnête moyenne.

« Y a déjà un bout de temps que j'ai pas lavé, y a pas à dire, faudra que je m'y mette. »

Pour ses vêtements, il n'y avait pas de problème, ils étaient toujours propres. Tous les trois mois, une vieille voisine, à qui il rendait quelques menus services, s'attaquait à la pile de linge sale qu'il accumulait au fond de son armoire. Le tout était d'avoir suffisamment d'effets, mais comme il préférait acheter un pantalon et une chemise plutôt que d'avoir à laver, il possédait un trousseau presque aussi important que celui d'un châtelain. Il agissait de même pour ses draps qui faisaient dans le bahut un tas impressionnant.

« Oui, pensa-t-il en aspirant une cuillerée de soupe, peut-être que je vendrai si Émile me le demande. Nature, il m'en offrira pas lourd mais il faut bien dire que ça m'a pas coûté cher non plus. »

Il vida du vin dans sa soupe, avala le tout et se demanda ce qu'il allait manger. Le jambon étant là, il s'en tailla une tranche, puis il pela un oignon et le dégusta au sel tout en vidant de temps à autre un verre de vin gris. C'était un petit vin sans prétention, aimable et léger. Firmin le récoltait dans la vigne de son jardin. Il foulait aux pieds, soignait le jus avec amour et lui accordait un temps qu'il ne comptait pas. Il lavait les barriques avec les soins maniaques d'un vieux garçon et traquait impitoyablement les odeurs douteuses qui s'incrustent parfois dans les tonneaux. Ensuite, il laissait vieillir sa cuvée pendant deux ans avant d'y goûter. Si le vin en était digne, il en mettait une partie en bouteilles qu'il allongeait dans le coin le plus sombre de sa cave voûtée.

« N'empêche, se dit-il tout en roulant une cigarette, dommage qu'il y ait autant de caillasses. »

Les yeux dans le vague, il tira quelques bouffées puis reprit son soliloque.

« De toute façon, je pourrais toujours mettre quelques fruitiers, il suffirait de faire des trous dans les cailloux et de mettre l'arbre au fond. Ça serait marrant car, pour peu que le tronc reste petit, il faudrait se baisser pour cueillir les fruits ! C'est pour le coup que les autres dans le pays se foutraient de moi. Ouais, mais la meilleure blague que je pourrais faire à l'oncle, ce serait de me mettre à déblayer la pièce, parole, si je fais ça, il fera pas un mort tranquille ! »

Il se dirigea vers le lit, se dévêtit, étouffa la lampe à pétrole et se glissa entre les draps.

Il veilla longtemps et lorsqu'il s'assoupit, l'idée du gigantesque pari qu'il se proposait, peut-être, de faire était déjà bien ancrée au plus profond de lui.

Elle le reprit dès qu'il s'éveilla, alors que le jour pointait à peine. Il s'étonna un peu de se sentir aussi déterminé mais cela ne lui déplut point.

« Plus on est décidé, meilleur est le travail, et de Dieu, le travail ne manque pas ! »

C'est bien cela qu'il fallait faire. Entrer dans le jeu que l'oncle avait ouvert non sans malice. Si Firmin abandonnait la lutte, il mettrait un terme à une partie engagée depuis vingt ans. En revanche, s'il s'attaquait à l'ouvrage, c'est qu'il acceptait de croiser le fer. Personne n'imaginerait jamais qu'il pût gagner ce combat inégal. Il partait battu. On le verrait, on le voyait déjà vaincu et humilié par cet héritage perfide. Il devait donc à tout prix prendre le contre-pied de la farce.

— Je vais leur faire voir moi... murmura-t-il en souriant.

Il ralluma le feu, se fit chauffer un bol de café.

— Bon, dit-il, je m'y mets, mais par quoi je commence ?

Et soudain l'étendue du travail titanesque qu'il se proposait d'entreprendre se concrétisa en lui. C'était fou, complètement fou. Vouloir s'attaquer seul à une pareille tâche dépassait en ambition tout ce que dix hommes normaux pouvaient envisager de faire au seuil de leur vie.

C'était tout à la fois insensé et merveilleux. Car, même en admettant que beaucoup de labeur permît un jour d'entrevoir un petit résultat, le bénéfice qui en découlerait ne pourrait en aucun cas compenser la somme d'efforts et les mois passés à l'obtenir.

Mais c'était aussi merveilleux car ce serait le travail d'un homme libre, qui choisissait sans contrainte, que rien ni personne ne commandait, qui se lançait à lui-même le plus invraisemblable défi, en relevant le gant. Le choix d'un homme fort, à la recherche de sa propre puissance et qui sentait confusément qu'il fallait viser haut et loin pour aboutir.

Sans saisir tous les mobiles qui le poussaient, il retenait surtout l'ironie qui pourrait lui faire dire un jour aux autres : Voyez mes cailloux, j'en ai fait un labour !

Il devinait qu'au-delà de cette boutade, des motifs beaucoup moins concrets le pressaient, le poussaient vers la tâche. Il les percevait sans pouvoir les cerner, ni les expliquer. Ils étaient en lui et le guidaient dans son idée.

« C'est complètement idiot, ce que je veux faire, se dit-il en versant son café qui bouillait depuis plusieurs minutes, c'est idiot oui, mais c'est amusant et puis vingtdiou, ça c'est du travail au moins ! »

Il sucra son breuvage et calcula d'abord qu'il lui faudrait prendre un grand panier pour transporter les pierres petites et moyennes, pour les grosses, il verrait plus tard.

« Est-ce que je commence par des trous pour les arbres ou bien est-ce que je nettoie un peu partout pour aplanir ? »

Il opta pour l'esthétique de l'entreprise car le champ du bois des Roches était pour l'heure trop cauchemaresque. Il devait avant tout lui donner un semblant d'entretenu, lui enlever ce profil trop chaotique, l'aplanir un peu. Bref, il fallait que l'on s'aperçoive très vite qu'un homme était là et que les pierres n'auraient pas toujours le dessus.

Son café bu, il prépara un casse-croûte puis descendit à la cave pour y prendre deux bouteilles de vin. Il déposa le tout dans un immense panier d'osier et sortit. Dehors, le soleil pointait à peine mais le jour était là ; encore bleu et déjà tiède, il promettait une très belle mais brûlante journée.

Tout le bourg était sur pied. On entendait dans les étables le bruit du lait giclant dans les seaux, le mugissement câlin des vaches appelant leur veau, le grognement impatient des porcs affamés.

Les volailles, debout depuis longtemps, se groupaient devant les perrons et attendaient fébrilement le grain.

Un peu partout les faux chantaient sous les

enclumes. Les martèlements patients des batteurs, frappant leurs lames pour les affiner à l'extrême, se donnaient la réplique et tintaient en cadence. Parfois c'était la voix métallique d'une faux résonnant sous la pierre humide, on devinait le va-et-vient du poignet tenant le grès, un coup d'un côté, un coup de l'autre, sans hâte et avec minutie. Dans le village, c'était la préparation dans tous ses détails de la longue journée qui s'annonçait.

Firmin s'éloigna des maisons et pénétra dans la forêt des Truffières toute bruissante de chants d'oiseaux.

« Tiens, pensa-t-il soudain, j'ai oublié de prendre un outil pour dégager le sentier qui mène à la pièce, faudra pourtant que je le nettoie, ça fera plus propre. »

Il fit le même détour que la veille et en arrivant au bois des Roches le sentiment de désolation, d'abandon et de sécheresse qui en émanait le renforça dans l'idée qu'il s'attaquait à une tâche impossible.

« Faut quand même pas abandonner avant de s'y mettre », se dit-il en s'avançant parmi les cailloux.

Il se dirigea vers le trou creusé la veille, sauta au fond et palpa le sol. Il était tout humide, tout gras et un suint incolore y perlait par endroits.

« Parole, ces salauds de cailloux lui tiennent sa fraîcheur, l'eau se garde mieux là que dans une citerne, c'est au moins un avantage. » Il déposa son casse-croûte au fond du trou, coucha les bouteilles contre la terre et recouvrit le tout de sa veste.

Il se redressa et observa la cuvette de roches.

« Faudrait quand même que je me rende compte si les pierres sont aussi épaisses partout. »

Il scruta tous les arbres et arbustes rabougris qui croissaient çà et là et chercha parmi eux ceux qui semblaient moins malingres, moins souffreteux. Un genévrier entre les racines duquel s'était niché un églantier arrêta son regard.

Il alla jusqu'à lui et, comme le jour précédent, il creusa à sa base.

Il lui fallut moins d'un quart d'heure pour trouver la terre fraîche, il n'y avait là que trente à quarante centimètres de cailloux et vraiment, ce n'était rien.

« Ah, souffla-t-il en se redressant, maintenant je sais où je vais. Peut-être après tout qu'il y a des endroits où il suffit juste d'enlever une pierre pour voir la terre. Oui, mais peut-être aussi qu'il y en a d'autres où elle est encore plus profonde qu'au pied du chêne... »

Il rejeta cette hypothèse. Pour ce qui était du sol, il verrait plus tard, il avait le temps, tout son temps, aucun délai ne lui était imposé.

Il s'attaqua au premier tas rapporté par les ancêtres. C'était celui qui se trouvait le plus près de la limite du champ et sur lequel venait sortir le sentier envahi.

Il chargea son premier panier de pierres et le

vida en bordure du terrain. Il ne pensa pas un seul instant qu'il lui faudrait des multitudes de paniers semblables pour tout nettoyer. Ce n'était nullement une sous-estimation du travail, ou un refus de la réalité. Non, mais il savait que désormais, seul le jour présent compterait. Hier, c'était les prévisions d'ensemble, les supputations, les estimations. Aujourd'hui, c'était uniquement le panier qu'il fallait remplir et vider, remplir et vider, sans réfléchir surtout à l'apparente inutilité de ces modestes gestes. Sans se dire non plus que ça n'avançait pas, mais en se répétant qu'une seule pierre enlevée était un fait important, aussi important que n'importe quel autre et qui, bien que minime, n'en était pas moins indispensable.

Il chargea son panier et le travail lui plut. Et le soleil grimpa dans le ciel sans nuage et le tas diminua et l'autre se développa.

— Tu cherches des truffes ? demanda une voix dans son dos.

Il se retourna et vit Léonie qui le regardait.

— Pourquoi pas ? dit-il en s'approchant d'elle.

La jeune fille détailla l'ensemble du bois des Roches puis ses yeux noirs et moqueurs se posèrent sur son cousin.

— Tu es devenu fou ou quoi ? Qu'est-ce que tu veux faire avec ton panier ?

— Ben, tu vois, dit-il en l'enlaçant, je m'occupe.

Elle se dégagea et se mit à rire.

— Je crois que tu es un peu fêlé. C'est pas une occupation ça, c'est de la bêtise !

— Pourquoi ? demanda-t-il en s'asseyant.

Elle s'installa à ses côtés et ficha entre ses dents un brin de lavande sauvage.

— Ben, je ne sais pas, moi, dit-elle enfin, ça ne sert à rien ce que tu fais, tu ne veux pas me faire croire que tu vas tout nettoyer ? Allez, dis-moi ce que tu fais.

— Tu vois, redit-il, je travaille.

— Mais non ! s'entêta-t-elle avec un peu de colère, persuadée qu'il se moquait d'elle, c'est pas du travail puisque ça te rapporte rien !

— Ça me rapporte du plaisir, dit-il après avoir longuement regardé ses mains poussiéreuses.

— Du plaisir ? dit-elle incrédule en le scrutant attentivement. Qu'est-ce que tu racontes ? Y a pas de plaisir à ramasser des pierres, c'est ennuyeux et fatigant et si c'est valable dans les terres, ici, ça ne sert à rien.

Elle n'était pas loin de penser que Firmin avait reçu dans les jours précédents quelque méchant coup de soleil et que la fièvre l'avait pris subitement.

— Mais si, assura-t-il, ça sert ! C'est du travail, donc ça sert.

Il ne voulait pas sortir de là, il ne voulait surtout pas reconnaître que ce qu'il entreprenait était inutile. Il sentait, sans pouvoir encore l'expliquer, que l'œuvre qu'il voulait faire lui était désormais presque aussi indispensable que l'air, le pain ou le vin. Certes, il se savait toujours libre de poursuivre ou d'abandonner, mais il était certain que dans ce dernier cas, sa vie tout entière serait marquée par cet abandon.

— De toute façon, reprit-il, ce qui compte c'est de faire quelque chose, n'importe quoi, mais quelque chose.

Elle haussa les épaules puis se frappa doucement la tempe avec l'index de sa main droite.

— Maintenant, dit-elle, je suis sûre que tu es fou ! Un homme normal ne s'amuse pas à ramasser des cailloux pour le plaisir.

Il roula une cigarette, l'alluma et regarda la pièce des Roches.

— J'ai trouvé de la terre sous les pierres, dit-il enfin, mais il savait que cela ne justifiait pas ce qu'il voulait faire.

— Et alors ? lança-t-elle, de la terre, de la terre ! Jamais tu ne pourras tout nettoyer, tu perds ton temps !

Il ne lui répondit pas, s'allongea de tout son long au milieu des cailloux et regarda le ciel.

Il était vain de discuter, la jeune fille lui sortait des vérités qu'il s'était lui-même déjà dites. Elle avait raison d'ailleurs, c'était fou, idiot, insensé, et tout le monde aurait ce jugement-là, c'était normal. Pourtant, il savait qu'il n'avait pas tort et cela lui suffisait.

— Peu importe, dit-il, t'occupe pas de ça et viens m'embrasser.

— Non, tu te moques trop de moi avec tes histoires folles !

Elle se laissa faire pourtant lorsqu'il l'empoigna et se sentit bien contre sa poitrine musclée.

Ce fut lui qui le premier aperçut Émile de l'autre côté du champ.

— Fais attention, voilà ton frère, dit-il en écartant la jeune fille.

— On m'a bien dit que tu étais venu par là, Firmin, dit Émile en s'approchant, mais toi, lança-t-il à l'adresse de sa sœur, je te croyais aux foins !

— J'y vais à tes foins, j'y vais, dit-elle tout en restant assise.

— Ouais, gouailla-t-il, mais si la mère apprend ça...

— Elle le saura pas sauf si tu le lui dis, jeta Léonie avec défi et pour le seul plaisir de tenir tête, mais si tu le lui dis, moi je ne te vends pas ma terre !

Il haussa les épaules et se désintéressa de sa sœur, elle n'était pas, dans l'immédiat, sa principale préoccupation.

— Je te cherchais, dit-il à Firmin. Je... (il s'arrêta en voyant le panier plein de pierres, ses yeux voltigèrent en direction des tas puis se firent interrogateurs.) Mais..., demanda-t-il enfin, qu'est-ce que tu fous, tu veux semer des raves, ou bien tu ouvres une carrière ?

Firmin tira sur sa cigarette, constata qu'elle était éteinte et la ralluma avant de répondre.

— Je ne sème pas des raves non, je nettoie, c'est tout.

Émile resta sans voix mais sa bouche s'arrondit.

— Mais..., lâcha-t-il enfin, tu nettoies quoi ? Et pour quoi faire, ça ne sert à rien !

— Si, assura Firmin, ça sert, c'est mon travail.

Il décida de ne plus répondre, de ne pas en dire plus, de ne pas chercher à expliquer aux autres ce que lui-même ne comprenait pas bien. Il savait que sa position était indéfendable, sauf à ses propres yeux, et que jamais personne ne partagerait son point de vue.

— Moi, dit Léonie, je crois qu'il est malade.

Émile la fit taire d'un geste.

— Allons, dit-il, rigolons pas, je ne suis pas venu pour ça.

— Je sais, dit Firmin, tu es juste venu pour me dire bonjour !

— Mais non ! Allez, parlons franc, vends-moi cette pièce des Roches et n'en parlons plus, proposa Émile déjà agacé.

Firmin, toujours allongé, détailla son cousin. De trois ans son aîné, Émile paraissait beaucoup plus âgé que lui. Sa figure, déjà épaisse, était fermée, butée. Quoique bien bâti, il commençait à se voûter et des rides inquiètes creusaient son front. « Pourtant, il n'a que vingt-huit ans, calcula Firmin, peut-être que c'est sa femme qui le crève, mais peut-être aussi que c'est de trop compter les sous qu'elle lui a apportés... »

Il se mit à rire et l'autre se méprit.

— Alors tu veux pas vendre ? lança-t-il, tu veux faire monter les enchères ?

— De quoi tu parles ?

Émile serra les poings. Il était d'une nature impulsive et voyait rouge à la moindre contrariété.

— Je t'ai fait une proposition, tu veux ou tu veux pas ?

— Non, je ne vends pas. Oh, te trompe pas, c'est pas pour le plaisir de te faire bisquer, non, simplement j'ai pas envie de vendre. D'ailleurs c'est pas vendable, ça vaut rien ! C'est pour ça que ton père me l'a donné.

— Tu te fous de moi, hein ? gronda Émile.

— Mais non, je te dis que ça ne vaut rien, sauf peut-être pour moi.

— Salaud ! Tu le fais exprès, hein, tu voudrais que je te supplie, eh bien n'y compte pas !

— J'y compte pas.

— Écoute, dit Émile en se maîtrisant, je vais te faire une offre honnête.

— Pas la peine, coupa Firmin, tu pourras jamais m'offrir ce que je veux faire ici.

— Mais miladiou, qu'est-ce que tu veux y faire hein ?

Firmin jeta son mégot, se releva et fit de la main un geste vague.

— A vrai dire, avoua-t-il, je sais pas encore, mais je ferai sûrement quelque chose !

— Pauvre con ! lança Émile.

Il s'éloigna à grandes enjambées en direction du bois des Truffières. Lorsque Firmin se retourna vers Léonie, il s'aperçut qu'elle était déjà partie, sans mot dire et sans bruit.

Il eut une petite moue désabusée, cracha dans ses mains et empoigna le panier.

III

Dans tous les foyers du bourg, ce fut un immense éclat de rire. On avait su la veille au soir que Firmin voulait nettoyer le bois des Roches et tout le monde s'était esclaffé. Décidément l'oncle était vainqueur, c'est bien lui qui avait eu le dernier mot ! Firmin était piégé. D'ailleurs, pour tout dire, il était sans doute sous le coup d'une insolation ou sous celui d'une bonne cuite. Dans un cas comme dans l'autre son invraisemblable lubie cesserait au coucher du soleil. Il lui faudrait ensuite déposer les armes et reconnaître, bon gré mal gré, que le vieux Malpeyre avait marqué le dernier point en lui léguant cette pièce maudite.

Comme à l'aube du 3 juillet Firmin était parti en direction de sa « terre » et qu'il avait travaillé comme une brute pour débroussailler le sentier, il fallut bien se rendre à l'évidence : il était fou.

Lorsqu'il rentra le soir, on le regarda avec des

yeux curieux, d'où n'était pas exclue, chez certains, une once de pitié.

Le curé, brave homme, jugea que son rôle était d'intervenir. Guettant Firmin sur le chemin du retour, il l'appela.

— Alors mon petit, ça va ?

— Ça va, monsieur le curé, ça va et vous ?

— Eh bien moi... il n'y a pas de raison pour que ça n'aille pas !

— Vous voulez dire que moi j'ai des raisons ? interrogea Firmin en souriant.

— Non non, mais... enfin, c'est-à-dire que... enfin est-ce que c'est vrai ce qu'on dit ?

— Et qu'est-ce qu'on dit ?

— Que tu veux nettoyer ta pièce.

— C'est vrai, assura Firmin, tout du moins je veux essayer, j'ai bien le droit, non ?

— Certes, certes, avoua le vieux curé, mais dans quel but ?

— Bah, je ne sais pas trop encore. Peut-être que c'est pour le plaisir de faire quelque chose que j'ai envie de faire. Peut-être aussi que c'est parce que j'en ai besoin, je ne sais pas trop encore.

— Écoute, Firmin, ça ne sert à rien, tu perds ton temps ! insista le vieillard.

— Alors là, monsieur le curé, c'est une affaire de goût. Voyez-vous, sans vous manquer de respect, je peux en dire autant de ce que vous faites, votre métier, à quoi il sert ?

— Tu blasphèmes, Firmin !

— Mais non, mais non ; c'est juste pour vous faire saisir. Vous, vous faites ce qui vous plaît et ça vous paraît important, pour moi, c'est tout comme !

Le vieux curé garda le silence un long moment. Il voulait comprendre. Firmin lui paraissait absolument lucide, mais il n'arrivait cependant pas à déceler une explication logique.

— Est-ce que par hasard, tu voudrais bâtir une espèce de tour de Babel ? demanda enfin le prêtre.

— J'ai pas envie de construire une tour, assura Firmin en dévisageant le curé d'un œil inquiet, je veux juste enlever les cailloux. Une tour ? Non, je vois pas bien ce que j'en ferais.

— C'était façon de parler, une comparaison quoi. Ton travail ressemble à un défi, à un pari si tu préfères.

— Peut-être que c'en est un.

— Tu veux prouver aux autres que tu es capable de réussir, ou bien tu veux simplement te le prouver à toi-même ?

Firmin se gratta le crâne et trouva que la conversation devenait compliquée.

— Je pourrais pas vous dire, avoua-t-il enfin, peut-être que j'ai comme vous dites envie de faire voir aux autres et à moi à la fois. Et puis, peut-être aussi que c'est juste pour le plaisir de faire un boulot à mon goût, sur une pièce bien à moi.

— Dans ce cas-là, tu pourrais tout aussi bien

sarcler tes pommes de terre ! Ça ferait le même effet et ça serait au moins utile !

— Ben oui, lâcha Firmin après un instant de réflexion, mais... non, c'est quand même pas pareil. Tout le monde peut sarcler des pommes de terre, tandis que mon travail, c'est autre chose.

— Alors c'est bien ce que je te disais, murmura le vieux curé, tu travailles à ta façon à une espèce de tour de Babel.

Firmin fit non de la tête, sourit et s'éloigna sans mot dire.

« Une tour ? Quelle drôle d'idée ! » songea-t-il. Quant à ce Babel, il n'en avait jamais entendu parler, ni dans le pays, ni dans les communes avoisinantes.

Pendant tout le mois de juillet, et chaque jour, Firmin s'acharna au déblaiement de son lopin. Il n'allait pas très vite mais travaillait avec une régularité et une ténacité telles que peu à peu les tas fondirent. Ils s'amenuisèrent et lorsque la fin du mois arriva, un gros tumulus de cailloux se dressait en bordure de la pièce. Seuls de très nombreux gros quartiers boursouflaient encore la couche presque plane du champ de pierres. Firmin n'avait aucune illusion. Ce qu'il venait de réaliser n'était rien, ne comptait pas, ou très peu ; au regard de ce qui restait à déblayer, c'était un épisode dérisoire.

Pas une seule fois pourtant, il ne s'était senti découragé. Même pas lorsque ceux du village l'avaient traité de fada, de tournepierres ou de bagnard volontaire. Non, plus les autres se moquaient, plus il sentait que sa seule défense était dans la poursuite de sa tâche.

Il s'était tout au plus permis quelques gentilles vengeances. Ainsi l'autre dimanche, lorsque le gros Germain Depuire, après s'être bien gaussé de lui, s'était assis pour se faire couper les cheveux. Sans dire un mot, Firmin avait affûté son rasoir avant de lui tailler, d'une main preste, au sommet du crâne une superbe tonsure.

— Tiens, avait lancé Firmin en secouant la serviette, tu peux aller faire le coq avec la bonne du curé, sûr que tu lui plairas !

Fou de rage, Germain, qui voulait se faire beau pour le bal du soir, l'aurait volontiers écrasé, mais vraiment il ne faisait pas le poids.

Il avait préféré s'enfermer chez lui pour y cacher sa rage, ce qui avait permis à Firmin d'effectuer la même opération sur le jeune Léon Tarôt. Lui, il n'avait rien, absolument rien senti. Il était reparti fier comme un jeune veau et ce n'est que plus tard, lorsque tout le monde avait rigolé en le voyant, qu'il avait tout de même compris.

Décidément on s'était bien amusé ce jour-là au village.

A Jules Durand, pour varier un peu, Firmin n'avait coupé que la moitié des cheveux. Durand venait rarement, mais lorsqu'il s'installait, c'était pour se faire tondre.

Il avait quitté la chaise en braillant comme un verrat et en proférant force menaces, mais avec sa demi-brosse hirsute et sa demi-lune luisante, ses invectives déclenchaient le fou rire.

Bien sûr, Firmin n'avait pas eu d'autre client dans la journée mais il s'en moquait.

Seule l'attitude de Léonie le peinait. Il ne l'avait pas souvent revue, car la jeune fille faisait comme les autres et ne tenait nullement à être surprise en compagnie d'un innocent.

Il fut donc fort étonné lorsqu'il aperçut un matin Edmond Malpeyre qui s'avançait dans le sentier. Firmin prit son temps, vida d'abord son panier et attendit son cousin.

— Et alors, curé, qu'est-ce qui t'amène, tu viens aussi pour te foutre un peu de moi ?

Edmond regarda le champ et hocha la tête.

— Eh bien, souffla-t-il, tu en as fait du travail.

— Tu es bien le seul avec moi à appeler ça du travail, reconnut honnêtement Firmin, les autres appellent ça une connerie ! Mais au juste, pourquoi tu es venu ?

— Je voulais me rendre compte, les autres parlent tellement de ta folie que je voulais voir.

— Eh bien, te gêne pas, curé, regarde !

— Dis, déclara soudain Edmond d'une voix grave, tu sais que ça va mal ?

— Qu'est-ce qui va mal, mon tas de pierres ?

Edmond le coupa d'un geste agacé.

— Mais non ! Je parie que tu n'es au courant de rien. Je suis sûr que tu ne sais même pas quel jour on est ! Tu vis tout seul, tu fais ce que tu veux et tu laisses tout le reste !

— Hé, va prêcher ailleurs, parce que si c'est pour ça que t'es là...

— Non, dit Edmond, ce n'est pas pour ça, c'est simplement parce que tout le village ne parle que d'une chose, c'est simplement parce que tu dois être le seul de toute la France à ignorer que demain on sera sans doute en guerre !

— Quoi ? Contre qui, et pour quoi faire ?

— Hier l'Autriche a déclaré la guerre à la Serbie...

— Et alors, demanda Firmin, c'est pour ça que tu t'affoles ? Qu'est-ce qu'on en a à foutre de ton Laserbie ? Moi, je sais même pas qui c'est ce Laserbie !

— Tu ne changeras pas hein ? constata Edmond dans un soupir. Écoute, je reviens de la ville, tout le monde dit qu'il faut que ça éclate avec l'Autriche et l'Allemagne.

— Tu crois ? demanda Firmin incrédule.

— Oui, et je ne suis pas le seul, hélas !

— Eh ben, on verra bien, décida Firmin.

— C'est tout l'effet que ça te fait ?

— Ben dame, tu veux pas que je chiale non ?

— Et tu ne vas même pas aller aux nouvelles ? Tu vas rester sans rien faire ? s'étonna Edmond, choqué.

— Je ne reste pas sans rien faire, je ramasse mes pierres.

Edmond fixa son cousin et il y avait dans son regard beaucoup d'admiration.

— C'est bien, dit-il enfin, c'est sans doute toi qui as raison. Tu fais le travail que tu t'es assigné et tu le fais bien, mais dis-moi, si vraiment il y a la guerre, qu'est-ce que tu feras ?

— Moi ? mais vingtdiou curé, qu'est-ce que tu crois ? S'il y a la guerre, hé ben miladiou, j'irai leur tirer les oreilles moi à tous ces voyous !

Le samedi 1er août vers cinq heures du soir, Firmin, alors à son bois, entendit sonner le tocsin. Il pensa aussitôt qu'un incendie s'était déclaré sur la commune et courut d'un trait jusqu'au bourg. Il arriva sur la place où se pressaient tous les habitants, se mêla à eux. C'est par bribes qu'il apprit la nouvelle.

— Qu'est-ce qui se passe ? lui demanda le vieux père Laroche en l'arrêtant.

— Eh bien, expliqua Firmin, voilà qui est fait !

— Quoi, qu'est-ce qui est fait ? interrogea le vieillard qu'une surdité envahissante coupait du reste du monde.

— Les Allemands nous ont déclaré la guerre, c'est la mobilisation générale !

— Ah nom de Dieu ! brailla le vieux, ah les

salauds ! hurla-t-il, ils font comme en 70, faut tous les castrer !

On dut le faire taire pour entendre la suite des déclarations gouvernementales. Firmin en savait assez, il fit demi-tour et s'éloigna.

Il n'avait pas encore atteint sa maison, que de joyeuses exclamations le firent se retourner. Il regarda en direction de la place et aperçut une bande de jeunes gens qui se dirigeaient vers le café en chantant à tue-tête des couplets patriotiques.

« Alors là, pensa Firmin, pour le coup c'est eux qui sont fous ! Qu'est-ce qu'ils croient ces jeunes couillons, qu'on va à la guerre comme au bal ? »

Il entra chez lui et se prépara un casse-croûte tout en méditant la nouvelle.

Pour lui, la guerre n'était en aucun cas à prendre comme une partie de plaisir. Malgré tout, il ne la jugeait pas dramatique. Il s'était déjà habitué à ce fait nouveau et sans en être satisfait, il n'en était pas franchement mécontent.

Partir à la guerre lui semblait normal. Il s'installerait dans cette nouvelle vie avec sa paisible bonhomie. Malgré tout, il trouvait un peu stupide d'aller se battre sans savoir pourquoi. A ses yeux, les responsables de ce conflit faisaient figure d'enfants dissipés dont les grandes personnes devaient maintenant réparer les bêtises. Il irait donc se battre et, subodorant déjà le degré de sauvagerie qu'atteindrait la guerre, il partait à la bagarre en regrettant un peu d'avoir à le faire.

Il n'y avait nulle peur derrière cet état d'esprit. Non, il savait faire le coup de poing à l'occasion. Il s'était souvent battu, à la sortie des bals ou au régiment, et excellait d'ailleurs dans cet art. Mais il l'avait toujours fait avec au fond de lui le sentiment que tout cela, c'était pour rire, et que ce n'était plus drôle du tout dès l'instant où l'adversaire se prenait au sérieux. Comme il savait que la guerre était une chose grave, il soupçonnait déjà que toutes formes d'humour en seraient exclues et le déplorait.

Ce qu'il savait également, et cela le gênait, c'était qu'il allait devoir abandonner, sans doute pour quelques semaines, le gigantesque travail qui lui tenait de plus en plus à cœur. Il allait devoir laisser son chantier tel qu'il était, c'est-à-dire à peine effleuré, tout juste découvert, presque intact. Certes, les pierres ne s'envoleraient pas en son absence, il retrouverait sa pièce telle qu'il la laisserait, mais l'idée de tout ce temps qu'il allait perdre l'assombrissait. Il savait que, dans tout ce qui allait lui manquer sous peu, son travail, aussi insensé soit-il, tiendrait la plus grande place. Il s'en voulait d'ailleurs de se sentir ainsi agrippé par des cailloux, retenu par ce qui était peut-être une folie. Il aurait préféré partir libre de toute entrave, de toute attache, pour n'avoir rien à regretter. Il songea qu'il s'en serait allé beaucoup plus content si la guerre avait éclaté deux mois plus tôt, à l'époque où rien d'important ne le rattachait à son village.

Il se restaura hâtivement, but un dernier verre et se préparait à sortir lorsque Edmond entra. Firmin nota que son cousin avait l'air sombre et son visage s'éclaira aussitôt.

— Alors prophète maudit ! lança-t-il, tu vois ce que ça rapporte d'annoncer la guerre ! Tu es content, c'est toi qui avais raison.

— Allez arrête, si tu trouves que c'est le moment de rigoler ! dit Edmond en s'asseyant.

— Non, reconnut Firmin, y a pas de quoi rigoler, mais quoi, c'est moins grave que d'attraper la vérole, surtout pour toi !

— Ça, je n'en suis pas certain.

— Oh, dit Firmin en regardant son cousin avec étonnement, c'est toi curé qui parles d'attraper la vérole ? Dis, tu sais au moins ce que c'est la vérole ? Tu sais où ça s'attrape ?

— Je t'ai vu partir avant tout le monde tout à l'heure, coupa Edmond, et je suis sûr que tu serais moins joyeux si tu étais resté...

— J'ai pourtant vu les jeunes qui chantaient !

— Eux, ils ne se rendent pas compte. La bonne nouvelle que tu ignores, c'est que dès demain tous les hommes mobilisés doivent se présenter à Limoges, comme l'indique le livret militaire, dès demain, tu entends ? C'est pas loin !

— Évidemment, reconnut Firmin.

Il savait bien qu'il faudrait partir, mais il n'avait pas supposé un instant que ce serait dans l'immédiat. Il s'était donné quelques jours de réflexion, le temps de bien s'accoutumer, de se mettre dans le bain, tandis que là...

— Alors, demanda Edmond, tu préfères toujours ça à la vérole.

— Faudrait voir, ça dépend avec qui je l'attraperais... Oh et puis quoi, assura Firmin en se ressaisissant, on sera de retour dans peu de temps ! Peut-être un mois, deux ou trois au plus. C'est vrai, on n'est plus en 70, cette fois on est prêt, on va te leur foutre une bonne trempe et puis on rentrera !

— Je déteste me battre !

— Naturellement, dit Firmin, ça fait pas tellement partie de ton métier, mais tu veux pas déserter non ?

— Manquerait plus que ça ! Déjà que je m'en veux un peu de ne pas être content, pourtant, il m'est impossible de l'être !

— Oh, tu n'es pas le seul ! Moi non plus je ne suis pas très content, annonça Firmin.

— C'est vrai ? J'aurais cru que toi...

— Quoi moi ?

— Eh bien, dit Edmond, je ne sais pas, moi j'ai mille raisons de refuser la guerre, de la haïr, pour moi elle s'oppose à tout ce que je crois, mais toi, en quoi te gêne-t-elle ?

— Écoute, tu vas dire que je suis bête mais elle me gêne à cause de mes pierres, de mon bois des Roches, de mon travail que je pourrai pas faire.

— Et c'est rien que pour ça ! s'exclama Edmond, c'est juste pour des cailloux ? C'est ça ton idéal à toi !

— Mon quoi ? demanda Firmin en fronçant les sourcils.

— Idéal, raison de vivre, quoi !

— Tu es trop savant pour moi Edmond, on voit que tu as fait les écoles, mais pour une fois tu m'auras rendu service. C'est bien toi qui dis vrai, je savais pas trop bien pourquoi je travaillais, mais... c'est bien pour ça, pour ce truc que tu viens de dire. Mon... comme tu as dit, c'est de finir ce que j'ai commencé, c'est peut-être con, mais ça ne regarde que moi.

Firmin travailla tout le reste de la soirée et jusqu'au lever de la lune. Il se devait d'être là et de glaner des pierres jusqu'à la dernière minute. Les autres fêtaient dignement le départ. Comme eux, il aurait pu passer les quelques heures qui lui restaient en se mêlant aux bandes de joyeux lurons qui faisaient la tournée des fermes pour y boire le dernier verre, mais cela ne lui vint même pas à l'esprit. Il préférait être seul au milieu de son champ et il ne vit même pas ce qu'il y avait d'étonnant à être là en train de ramasser des cailloux alors que la guerre bouillonnait déjà.

Il n'alla ni plus vite ni plus lentement que les jours précédents. Il ne changea rien à son rythme paisible et ce n'est qu'à la nuit qu'il s'arrêta enfin.

Mains dans les poches, il flâna au milieu des cailloux et c'est d'un pas aussi tranquille que celui d'un rentier qu'il fit le tour de son bois. Il l'arpenta en tous sens, s'arrêtant parfois comme pour mieux se souvenir et mieux peser l'énorme travail qu'il reprendrait dès son retour. Avant de partir, il ramassa un petit caillou gros comme une noix, et le tritura entre ses doigts. Observant ensuite au clair de lune la pierre aux arêtes vives qui gisait au creux de sa main, il se sentit soudain gêné du geste qu'il allait faire. Il eut honte, et c'est furtivement, comme un voleur, qu'il mit prestement le caillou tout au fond de sa poche. La pierre se plaqua contre sa cuisse et il sut qu'elle y resterait.

Firmin partit pour la guerre les mains nues. Au matin, alors que le bourg s'activait d'une façon anormale, il sortit de chez lui et, comme s'il devait rentrer à midi, glissa la clé à sa place habituelle sous la potiche de terre cuite qui ornait la dernière marche du perron. Pour seul bagage, il emporta, glissés dans ses poches, deux mouchoirs, un couteau à trois lames, un vieux briquet de cuivre, un portefeuille usé recelant ses modestes économies, une blague à tabac et un caillou.

La place était toute bruissante de mots

d'adieu, d'au revoir, de recommandations. Des femmes pleuraient et semblaient en être humiliées.

D'autres, tout aussi émues mais voulant le cacher, entraînaient à l'écart le fils, l'époux ou le fiancé qui rechignaient un peu, confus de cet attendrissement qui n'était pas de mise.

Un rassemblement hétéroclite de véhicules hippomobiles occupait le centre de la place. Les chevaux trépignaient dans la poussière et certains, dont le front s'ornait de cocardes, secouaient la tête comme pour chasser les trois couleurs qui les gênaient.

Le maire fit un discours sanglant encore tout imprégné de la vieille humiliation de Sedan. Le curé souhaita que la paix revienne vite mais personne ne l'écouta et c'est en bramant une éclatante *Marseillaise* que le convoi des mobilisés quitta les Landes.

— Et ton frère? demanda Firmin à Edmond assis à ses côtés.

— Peut-être qu'il ne partira pas, il a quand même trois enfants.

— C'est vrai, probable qu'on n'aura pas besoin de lui.

Leur véhicule s'arrêta alors et Firmin aperçut le vieux père Laroche qui distribuait le dernier verre aux mains qui se tendaient.

Le vieillard, follement excité, versait sa piquette, offrait son tabac. Il frôlait l'apoplexie en gueulant de sa voix cassée une recommandation qui déclenchait les rires.

— Surtout, mes petits gars, coupez-les-leur, comme ça ils nous foutront la paix !

— D'accord, dit Firmin en acceptant un verre, on les leur coupera et on en fera des chapelets, qu'est-ce t'en penses curé ?

Mais Edmond n'en pensait rien et Firmin devina qu'il priait.

IV

Firmin s'installa dans la guerre avec un calme et une aisance en tous points exceptionnels. Il devint, pour ses camarades de combat, un de ces individus presque légendaire dont rien ni personne ne peut détruire le souvenir.

Il ne se sentait pourtant pas différent des autres et le mode de vie qui était devenu le sien depuis le début des hostilités lui semblait tout à fait normal. Il était gai, guilleret même, sans pour autant être insouciant.

De plus, il estimait que toutes ces histoires de guerre étaient bêtes à pleurer. Ce n'étaient pas ses histoires ; il n'avait rien à voir dans tous ces démêlés politiques que le bon plaisir d'une poignée d'individus avait fait dégénérer en un affrontement aussi stupide que sanglant.

Firmin ne comprenait rien à tout cela. Il était là par la force des choses et, sans cesser de jouer son rôle, il n'arrivait pas à s'imprégner de cet esprit sanguinaire qu'il découvrait avec étonnement chez certains de ses compagnons. Il n'était pour sa part nullement opposé au principe d'avoir à donner la mort, mais lorsqu'il avait à le faire il en éprouvait une sorte d'ennui. S'il avait pu, il se serait excusé d'être la main qui la donne.

Il avait parfaitement conscience de côtoyer lui aussi la mort, mais il n'arrivait pas à envisager un seul instant qu'elle le frapperait tant qu'il aurait l'audace, même pas de la narguer, mais tout au plus de lui dire non. Pour mourir, il fallait croire à la guerre, se laisser prendre à son jeu, l'épouser corps et âme. Firmin la vivait parce qu'il ne pouvait pas faire autrement mais il n'était pas question de filer le parfait amour avec elle. Il portait autant de soin au bon état de son moral qu'à l'entretien de son fusil.

Dès le début il avait compris qu'une incessante lutte était nécessaire pour conserver coûte que coûte un esprit sain apte en toutes circonstances à réagir au mieux. Il plongea dans la guerre avec la tranquille et souriante assurance d'un homme bien équilibré qui sent ce dont il est capable et agit en conséquence. Comme il était clairvoyant, il eut peur. Il eut peur, mais jamais la panique ne le saisit et sa peur devint un instrument dont il usa pour mieux se protéger. Il fut courageux et batailleur et si son acharnement aux combats lui valut de passer pour un soldat exemplaire, il ne pensa jamais que le terme de héros puisse être accolé à son nom.

Il avait constaté le jour de son départ des

Landes que son bois des Roches tenait en lui beaucoup plus de place qu'il ne l'aurait cru.

Il était accroché à sa vie passée et future par ce simple champ de cailloux.

Pour d'autres, c'étaient la femme, la fiancée, la maîtresse, les parents, les enfants qui jouaient ce rôle de cordon ombilical. Pour lui, c'était ce qu'il avait déjà fait là-bas et surtout ce qu'il voulait y faire. Chez la majorité de ses compagnons, ces attaches, qui étaient déjà des souvenirs, devenaient peu à peu plus nostalgiques. Firmin avait découvert qu'il n'y a qu'un pas entre la nostalgie et la tristesse et que l'écart entre la tristesse et le désespoir se franchit vite.

Aussi, lorsqu'il pensait à son bois, et il y pensait souvent, les souvenirs qu'il en gardait ne s'entachaient jamais de cette mélancolie pernicieuse qui gangrène rapidement le plus banal épisode du passé.

Il pensait joyeusement à sa terre des Roches. Il y pensait avec la ferme certitude qu'il y serait sous peu et déjà une foule de projets et de réalisations occupaient son esprit.

Il avait supporté et suivi avec philosophie les premiers revers d'août et, comme tout le monde, subi sans le comprendre, ce repli qui ressemblait à s'y méprendre à une sombre défaite. Et puis, lorsque l'ordre en était venu, il avait collaboré à ce phénoménal enterrement dans lequel l'armée tout entière s'était réfugiée.

Désormais, il vivait, et s'employait à le bien

faire, dans le sous-sol des labours. Il dormait, et estimait inutile de s'en plaindre, entre les racines des arbres ou les résilles bulbeuses des champs de luzerne. Il mangeait sans protester la soupe tiédasse que la corvée coltinait péniblement dans les tranchées. Il était, comme la majorité des paysans, affecté à un de ces nombreux régiments d'infanterie qui s'incrustaient sur le front. Rattaché à la Troisième Armée, il stationnait non loin de Verdun.

La bataille de la Marne lui avait fait découvrir l'impitoyable cruauté de la guerre. Depuis, et comme il s'attendait au pire, il fourbissait son fusil, protégeait ses cartouches de la boue et aiguisait inlassablement sa baïonnette.

C'est après les premiers combats qu'Edmond, jusque-là brancardier, avait demandé son affectation dans le même régiment que Firmin. Ce dernier, qui jouissait déjà d'une excellente renommée, avait obtenu que son cousin fût versé dans la même section que lui. Edmond y avait pris la place d'un mort. Depuis, ils formaient tous les deux un tandem cocasse, tout pétri de contradictions, mais qu'une amitié solide, quoique bourrue, liait chaque jour davantage. Firmin ne savait pas pourquoi Edmond avait voulu se rapprocher de lui.

Il n'était pas mécontent de la présence du « petit curé » et s'il veillait sur lui, c'était sans même s'en rendre compte. Il n'aurait pas reconnu cette évidence si quelqu'un s'était avisé de la lui démontrer.

Edmond avait vieilli au contact de la guerre. Il avait peur mais ne le montrait pas, détestait donner la mort mais se battait autant qu'un autre, c'est-à-dire dans le seul but de tuer avant d'être tué.

L'hiver fut là et avec lui la boue gela au fond des tranchées. Les jours coulèrent, entrecoupés d'engagements farouches et apparemment inutiles. Quelques boyaux changèrent souvent d'uniformes et il fallut les reprendre ou les rendre en laissant toujours de trop nombreux cadavres.

Le printemps redonna à la boue son inconsistance, la rendit d'autant plus écœurante que les odeurs s'éveillèrent sous le soleil. Il fallut s'y habituer, comme au reste.

Pendant les rares accalmies, Firmin coiffait et rasait des têtes et des barbes de tous grades.

Le 24 avril 1915, Firmin et Edmond décidèrent de commettre une folie.

Firmin le fit sciemment et en toute connaissance de cause ; quant à Edmond, il s'y résigna.

— Écoute, Edmond, je te l'ai dit cent fois, tu m'emmerdes, assura Firmin d'un ton calme.

— Oui, je sais, mais moi je te redis que tu es fou. D'abord tu vas prendre une balle dans la peau et en supposant que tu t'en tires, tu risques le conseil de guerre, prévint Edmond d'une voix persuasive.

— Ça va, curé, reste là si tu as la trouille, moi j'irai tout seul, non mais sans blague ! Alors, tu te décides ? demanda Firmin en empoignant son arme.

Ils étaient dans une petite clairière tranquille toute baignée de soleil. Ici la guerre semblait absente, seuls des arbres coupés franc et des trous d'obus remplis d'eau rappelaient que la mort planait là.

Derrière eux, abritées par une petite butte, se tenaient les cuisines. Un homme de corvée sifflait en épluchant des pommes de terre et il était heureux de le faire car c'était une tâche reposante, sans danger.

Les tranchées françaises étaient à droite, un peu en retrait. Plus loin, à gauche, se dissimulait une batterie d'artillerie, que protégeait un enchevêtrement de boyaux.

Devant Firmin et Edmond un bois, massacré par les obus et pourtant bourgeonnant, offrait l'abri précaire mais tentant de ses branchages.

Derrière lui, il y avait les tranchées ennemies ; le fait de ne pas les voir était rassurant.

— Alors, tu viens, oui ? redemanda Firmin.

— Tu es fou, je te dis !

— Allez quoi, c'est pas une affaire, y a pas plus de cent mètres, on ne risque rien.

Edmond haussa les épaules puis, avec un soupir, ficha sa baïonnette à l'extrémité de son fusil et s'avança. Firmin vérifia que nul ne les voyait et s'élança vers le bosquet.

— Tu vois, chuchota-t-il dès qu'ils furent au creux d'un buisson, c'est pas loin, regarde c'est là. Et il montra du doigt un bois de peupliers, une centaine de troncs blancs brisés à différentes hauteurs. Deux arbres, on ne savait trop pourquoi, étaient indemnes et leurs feuilles, d'un vert encore tendre, attiraient le regard.

— Ça fait une trotte, au moins cent mètres ! calcula Edmond.

— Et alors, qu'est-ce que ça peut foutre ? répliqua Firmin en suivant des yeux l'itinéraire qu'il se proposait de suivre. Il tritura machinalement le caillou qui reposait au fond de sa poche et se sentit heureux. Bon, expliqua-t-il, on se faufile à quatre pattes derrière cette haie, ensuite on rampe et puis ça y est !

— Et s'ils ont des guetteurs ? Et s'il y a des mines ?

— Et si et si ! ronchonna Firmin, et si t'étais pas si corniaud peut-être que tu serais pas curé ! Allez on fonce !

Il détala très vite et sans bruit en homme entraîné qui sait progresser avec le minimum de risque. Arrivés à une trentaine de mètres de leur objectif, ils s'arrêtèrent.

— Bon, chuchota Firmin à l'oreille de son compagnon, toi tu restes là, bien planqué à plat ventre et tu me couvres. Si tu vois quelqu'un tu me siffles, tu l'allumes si tu veux et tu décampes, pendant ce temps moi je vais à notre affaire, t'as compris ?

Edmond fit signe que oui et posa son fusil devant lui.

— Tu n'as pas peur ? demanda-t-il.

— Si un peu, avoua Firmin, mais c'est quand même marrant. Oh nom de Dieu, regarde ! dit-il en fixant la peupleraie.

— Jure pas ! intima Edmond. Oh merde ! souffla-t-il après avoir vu les silhouettes qui se découpaient entre les moignons d'arbres.

Ils comptèrent trois Allemands qui, avec beaucoup de prudence, se dirigeaient vers les deux peupliers intacts.

— Mais où qu'ils vont ? interrogea Firmin.

— On s'en fout, c'est pas le moment de le leur demander.

Les ennemis étaient maintenant là, tout proches, à trente pas. L'un d'eux se redressa le long d'un arbre, sembla le mesurer du regard puis, se décidant d'un coup, commença son ascension.

— Vingtdiou de miladiou ! sacra Firmin, c'est pas vrai ! Ah mais non, ça va pas ! Reste là et couvre-moi, ordonna-t-il.

Edmond n'eut pas le temps de protester, déjà Firmin reculait en se coulant dans les broussailles. Il s'éloigna tout d'abord de son but puis commença une longue progression détournée qui l'amena à la hauteur des Allemands.

Là-bas, le grimpeur avait presque atteint le

sommet. Rampant comme une couleuvre, Firmin contourna le groupe ennemi et se glissa derrière lui. Dents serrées, souffle retenu il avança, avança encore et s'approcha ainsi à moins de trois mètres de la victime qu'il avait choisie.

Il prit le gros risque d'abandonner son fusil dans l'herbe rase, se ramassa et bondit comme un chat. L'Allemand reçut quatre-vingt-cinq kilos de muscles sur le dos. Il se sentit violemment tiré en arrière par un bras nerveux tandis qu'un rasoir brillant dansa devant ses yeux. La lame s'arrêta sur sa pomme d'Adam et la caressa doucement.

— A l'assaut, vingtdiou ! gueula Firmin.

Il sentit contre lui l'homme trembler de peur et constata presque au même instant qu'Edmond était là, tenant en respect l'autre Allemand trop médusé pour réagir.

— On les tient, miladiou ! triompha Firmin en lâchant sa victime.

L'homme se passa doucement la main sur la gorge puis, trop heureux de s'en sortir à si bon compte, s'empressa de lever les mains.

— Bravo curé, lança Firmin. Hé ! toi là-haut, ordonna-t-il en levant la tête, dépêche-toi un peu de descendre !

Et comme l'autre ne bougeait pas il donna quelques violents coups de pied à la base du tronc. Le grimpeur, se voyant découvert, dégringola de branche en branche puis se laissa glisser jusqu'à terre.

— Donne ça ! dit Firmin en tendant une main

vers le casque que l'homme avait accroché à sa ceinture.

Il prit l'objet, regarda à l'intérieur et parut un peu dépité.

— Tiens, murmura-t-il, je les aurais crus plus gros... Sont drus mais ils auraient bien gagné à attendre trois jours de plus, tu crois pas ? demanda-t-il en montrant le casque à son cousin.

— Si, c'est vrai, reconnut Edmond.

— Allez, filons, décida Firmin.

Ils se mirent en marche. Les prisonniers, mains sur la tête, allaient devant, puis venait Edmond et enfin, fusil à l'épaule et sifflotant, marchait Firmin. Il contemplait souvent et avec satisfaction les six jeunes corbeaux qui criaillaient dans le casque. C'était pour eux qu'il avait monté toute l'opération. Grâce à une paire de jumelles il avait repéré le nid alors que les oiseaux s'activaient à sa construction. Plusieurs fois par jour, depuis quelques semaines, il avait observé leur manège, su un jour que l'éclosion venait d'avoir lieu, et suivi depuis l'inlassable va-et-vient des parents apportant au nid la nourriture des jeunes.

La veille au soir, il avait calculé que les petits étaient bons à « cueillir » et qu'il fallait absolument y aller. C'était une idée bien à lui. Maintenant il rentrait content, heureux de son coup.

— Ce soir on bouffe du corbeau à s'en faire crever ! lança-t-il à Edmond.

— C'est pien ce qu'on foulait faire... avoua alors un prisonnier.

Alors Firmin partit d'un grand rire.

Cet exploit, que Firmin expliqua à sa manière à leur capitaine, valut la médaille militaire aux deux cousins.

Bien sûr Firmin avait brodé un peu. Il avait fallu expliquer leur sortie en parlant des deux silhouettes aperçues non loin des cuisines.

— On croyait qu'ils étaient que deux, vous comprenez, mon capitaine, alors pour deux pouilleux on n'allait pas donner l'alerte ! La preuve, on en a ramené trois sans peine !

Chose curieuse, les prisonniers n'avaient pas ouvert la bouche au sujet des corbeaux. Ils étaient prisonniers, d'accord, mais expliquèrent-ils, c'était bêtement qu'ils s'étaient fait prendre, en effectuant une patrouille de routine, pas plus. Tout le monde ignora donc le fin mot de l'histoire et nul ne comprit jamais pourquoi Firmin lançait en rigolant, lorsqu'un corbeau survolait la tranchée :

— Hé Edmond ! On le descend ? Qui sait, peut-être qu'il nous donnera la croix de guerre !

La guerre continua, les mois s'écoulèrent. En août Firmin eut droit à quelques jours de permission.

Il revint au bourg des Landes et s'aperçut avec amertume que seuls ceux du front vivaient la guerre. Naturellement bien des maisons étaient en deuil, mais ceux chez qui la mort avait déjà frappé se cloîtraient dans leur douleur, se fermaient, se taisaient. Leur silence lamentable laissait libre cours à la satisfaction de vivre qu'on sentait chez les autres.

Les autres, les trop vieux, les malades ou les présumés tels, les réformés définitifs et les réformés par relations affichaient sans pudeur la joie qu'ils avaient d'être là alors que d'autres étaient ailleurs et mouraient.

Firmin ne se mêla donc pas à la vie du bourg et refusa tout dialogue. Il passa pour encore plus fou qu'il ne l'était avant-guerre mais comme il n'avait pas l'air commode personne ne se hasarda à le lui laisser entendre.

La clé était toujours sous la potiche. La petite maison sentait le renfermé, mais les brindilles qui attendaient dans l'âtre depuis un an s'enflammèrent instantanément lorsqu'il y glissa son briquet. Firmin sourit en voyant sur la table une bouteille à demi pleine d'un vin piqué. Rien n'avait changé depuis son départ, mais par-delà les apparences, plus rien n'était semblable, car la guerre avait tout bouleversé. Les objets familiers, toujours à la même place, ne pourraient dissiper ce sentiment nouveau.

Il retrouva son bois des Roches avec attendrissement. La pièce était là, sous ses yeux, et dans les pierres un perdreau rouge lançait son appel rocailleux.

Firmin n'eut pas un instant l'envie de se reposer et d'attendre oisif que passent les jours. Il reprit son panier, s'installa sur l'emplacement qu'il avait dû abandonner et se pencha vers les cailloux. Il savait maintenant que son entreprise l'avait soutenu. Son refuge et sa vie seraient là, uniquement là.

Pendant toute la durée de sa courte permission, Firmin poursuivit sans relâche le déblaiement du champ. Lui seul put mesurer la progression du travail. Il y avait une telle quantité de pierres que celles qu'il extirpa ne créèrent aucun vide apparent dans l'ensemble du magma caillouteux, mais l'énorme tas de roches qu'il édifiait lui apportait la preuve que son labeur n'était pas vain. En revanche, les très rares passants qui s'aventuraient là ne voyaient aucun changement dans la physionomie du bois. Ils colportaient donc dans le pays que Malpeyre remuait des cailloux, comme ça, en désordre, et pour le plaisir.

Firmin se souciait peu de leurs opinions. Il savait ce qu'il faisait et cela lui suffisait.

Le jour précédant son départ, alors qu'il était en train de déplacer des blocs, Léonie vint enfin le voir. Il constata au premier coup d'œil qu'elle avait beaucoup changé. Ce n'était plus la jeune fille qu'il avait quittée un an plus tôt, et qu'il avait, peut-être, aimée. C'était une femme, jolie certes, mais qu'une arrogance toute neuve couvrait d'un vernis désagréable.

— Et alors ! lança-t-elle, tu es toujours aussi fou à ce qu'on dit !

Il la regarda et, bien que la trouvant belle, s'étonna de ne plus avoir envie de l'embrasser, comme autrefois, avec pureté et retenue. Maintenant, s'il devait le faire, ce serait avec violence, uniquement pour le plaisir de la chair.

— Te voilà devenue fière, dit-il en s'approchant. (Il resta à quelques pas d'elle et s'assit dans les cailloux.) Comment va ta mère ? demanda-t-il pour dire quelque chose.

— Ça va, ça va, fit-elle d'un ton léger.

— Et l'Émile ?

— Lui ? Il vient dans huit jours, comme ça il sera là pour mes fiançailles.

Firmin songea d'abord qu'Émile était quand même à la guerre, malgré ses trois enfants. C'est par Edmond qu'il avait appris qu'Émile se trouvait quelque part du côté de Soissons et qu'il se battait bien, lui aussi. Il pensa ensuite que sa cousine était fiancée. Il n'en ressentit rien.

— Alors tu vas te marier, reprit-il d'un ton calme.

— Hé oui, oh tu sais, j'ai trouvé un beau parti !

— Ah bon ?

— Oui, tu le connais, c'est Jean Latour, du domaine de la Brande.

Il fronça les sourcils, hocha la tête.

— Il n'est pas au casse-pipe ? demanda-t-il, sachant déjà la réponse.

— Non, il a été réformé pour ses varices.

— Ah oui, des varices... et puis, il est riche..., dit-il en souriant.

— Et alors, qu'est-ce que ça change ? demanda-t-elle presque furieuse.

— Rien.

— Tu es jaloux ?

Et il y avait un peu d'espoir dans sa question.

— Non, je m'en fous, dit-il en roulant une cigarette.

Il aurait pu lui rétorquer que Jean Latour était un planqué mal foutu, que ses trente-huit ans le classaient dans les vieux, qu'elle l'épousait pour son magot et son domaine et que, chatte comme elle était, elle aurait vite fait de lui coller une paire de cornes !

— T'es pas causant, dit-elle avec reproche.

— Ça vaut sans doute mieux.

— Bon, décida-t-elle soudain, faut que je m'en aille.

Il la regarda, comprit qu'elle était uniquement venue lui faire part de ses fiançailles et qu'elle était déçue de son indifférence.

— Alors, au revoir, lança-t-elle.

— Salut ! dit-il sans se lever. (Et soudain sa voix fut sèche.) Sois sans crainte, affirma-t-il, je dirai à Edmond que sa sœur pense bien à lui, qu'elle a pris de ses nouvelles et qu'elle l'embrasse !

Elle rougit comme s'il venait de la gifler et s'éloigna en courant.

Le soir même, il alla voir la vieille Berthe.

Il lui assura que son fils allait bien, qu'il ne courait aucun danger, qu'il n'avait pas maigri, qu'il dormait bien et que le secteur était très calme. Il se tut lorsque sa tante lui reprocha de ne pas être venu dès son arrivée.

Il se tut et s'en alla en serrant contre lui le paquet de victuailles que la vieille lui avait remis pour son fils.

C'était volontairement qu'il n'avait pas fait cette visite plus tôt. Il savait trop qu'entre le premier et dernier jour de sa permission, Edmond, là-bas sur le front, avait mille et mille fois le temps de mourir. Il n'avait pas voulu défier la mort en annonçant trop tôt qu'Edmond allait bien et il avait attendu que les jours passent. Ce soir, et puisque nul télégramme n'était venu, il pouvait dire : Edmond va bien. Ce n'était pas une assurance pour l'avenir, c'était tout au plus quelques jours écoulés de gagnés.

Firmin replongea dans le massacre. Il reprit place dans sa tranchée où, là comme partout ailleurs, de nombreux inconnus démontraient par leur seule présence qu'autant de camarades étaient tombés.

— Ta mère va bien, dit-il à son cousin.

— Émile est mort, annonça Edmond.

Et bien que ses yeux soient secs, on devinait qu'un immense désarroi le torturait.

— Quand ?

— Hier soir... Moi je pars tout à l'heure, à cause de la mère.

— Il le faut, acquiesça Firmin.

Il n'avait jamais beaucoup aimé Émile, mais une lourde tristesse suinta au fond de lui. Bien sûr, Émile était un peu tordu, mais quand même, c'était quelqu'un de la famille ! C'était vingt ans de sa vie, les bagarres de gosses, les tripotées qu'on avait prises et rendues, c'était Émile quoi ! Et maintenant il était mort et la guerre continuait comme à l'accoutumée, et partout, sauf ici, les gens vivaient comme d'habitude.

Tout à l'heure, peut-être, ce serait Edmond qui, avant de partir, prendrait un éclat dans le ventre ou une balle dans la tête. Demain ou tout de suite, ce serait lui, Firmin, qui sentirait le coup mortel du projectile qui frappe.

— Dis, demanda soudain Firmin, tu ne trouves pas que ton Bon Dieu déconne un peu de laisser faire tout ça ?

— Tais-toi, c'est toi qui déconnes, dit âprement Edmond. C'est toi, c'est moi, c'est tout ceux qui sont là, ici, en face, partout dans le monde, c'est le monde entier qui déconne ! (La voix d'Edmond s'enfla.) Oui, tout le monde déconne parce que tout le monde est libre de le faire. Tout le monde est libre aussi de ne pas le faire, mais il est plus facile de déconner que de faire le reste ! Alors voilà ce que ça donne, des tas de cadavres. Oui ! Des tas de cadavres avec tout autour des pauvres cons comme moi qui chialent devant leur propre connerie !

Il s'arrêta et Firmin vit que des larmes de rage, de fatigue et de détresse coulaient sur les joues terreuses de son cousin.

— Ça va, dit-il d'une voix amicale, t'excite pas. Tiens, prends un bon coup de gnôle. Et puis... puisque qu'on en parle, te monte pas trop la bourriche, réfléchis pas trop à tout ça. Tu dis : tout le monde déconne, c'est vrai et c'est pas nouveau ! N'empêche, c'est pas une raison pour se tourner la cervelle. Pour le moment, faut pas trop penser à ça, faut juste penser à sauver sa carcasse et ça suffit à occuper son homme.

— Prends soin de toi, dit Edmond en lui serrant le bras.

Il s'éloigna en trébuchant dans la tranchée.

V

Les mois s'ajoutèrent aux mois, monotones malgré leurs jours sanglants et leurs assauts démentiels.

Des deux côtés du front et dans toutes les tranchées, les hommes se confondaient peu à peu dans leur misère. Ils se jetaient les uns contre les autres avec cette furieuse ivresse faite d'un mélange de poudre, de peur, de fatigue, d'alcool et d'éther. C'étaient les derniers grands combats où la force physique devait seule l'emporter. L'illettré pouvait tuer l'instituteur, la brute égorger le faible, quant aux poètes, ils étaient morts depuis longtemps. Firmin et Edmond, inséparables, se battirent comme des bêtes. Ils connurent les attaques à la baïonnette qui, comparativement à la pelle de tranchée, devenait une arme noble, car il y eut des combats où les pelles bien tranchantes remplacèrent avec profit les Lebel encombrants.

Ils vécurent également les combats au couteau

que des malheureux couverts de boue se livrèrent pour prendre possession d'une tranchée plus boueuse et plus répugnante que celle qu'ils venaient de quitter. Les hommes tombaient autour des deux cousins. Ils traversèrent l'un et l'autre l'hiver en louvoyant entre les balles et les éclats, en esquivant comme par miracle l'acier glacial des lames.

Ils reçurent sans bien savoir pourquoi cette croix de guerre que beaucoup leur envièrent.

— On l'a eue parce qu'on est pas mort ! assura Firmin en riant, mais moi, ne pas être mort, ça me suffit ! La croix, c'est comme du rab qui se mange pas.

En février 1916, Firmin eut une nouvelle permission. C'est après avoir longtemps hésité qu'il décida de la passer à Paris.

Il déambula dans la capitale en serrant dans la main le petit caillou ramassé naguère et dont les angles s'adoucissaient peu à peu. Il avait quelque remords d'être là et se sentait gauche dans ces grandes avenues bruyantes et joyeuses. L'idée de son projet occupait plus que jamais son esprit. Il y pensait, mais il savait surtout que son œuvre ne pouvait progresser en quelques jours de permission. En outre, il gardait une mauvaise impression de l'ambiance qui régnait au bourg. A quoi bon y retourner pour en revenir découragé ?

Il visita ce Paris dont tout le monde parlait. Il en rapporta un souvenir bizarre, né d'un curieux mélange où l'effronterie et l'accueil de quelques filles se mêlaient aux pierres sculptées des monuments.

Les filles lui plurent, les monuments le déconcertèrent. Il resta ébahi devant Notre-Dame, ce merveilleux tas de pierres.

Il lui importait peu que des milliers d'hommes aient collaboré à ce chef-d'œuvre. Ce qu'il retint, ce fut qu'un inconnu ait un jour décidé de s'attaquer à cette tâche.

La tour Eiffel, en revanche, l'étonna sans l'émerveiller. Elle était à ses yeux trop simple, ou trop compliquée. Ce n'était que ferraille boulonnée et peinte. Ici, nulle trace de cette nature que l'on sentait dans tous les monuments de pierre et qui leur conférait tant de beauté.

Satisfait, mais un peu étourdi par toutes ces découvertes, il rejoignit le front le 20 février au soir. La bataille de Verdun éclata au petit matin.

L'obus de gros calibre miaula dans la tourmente. Il percuta soudain contre le tronc déchiqueté d'un orme, explosa à quelques mètres du sol et projeta aux alentours ses éclats acérés. Les cris des agonisants se noyèrent dans le tumulte de la bataille.

Firmin se contracta une fois de plus, puis regarda autour de lui pour se rassurer, pour voir s'il n'était pas le seul vivant, pour être certain qu'il n'était pas encore tout à fait isolé au milieu des morts.

Il vit Edmond tapi non loin et puis, çà et là, se tassant contre de précaires abris, ses camarades qui comme lui dénombraient les survivants.

Firmin avait perdu toute notion de temps. Il ignorait et ne cherchait même pas à savoir s'il y avait quelques heures, quelques jours ou quelques mois, qu'il frôlait continuellement la mort.

Maintenant, c'était par habitude qu'il déchargeait son arme sur les formes incertaines qui se découpaient parfois dans le brouillard de poudre. Par habitude, il courait lorsqu'il fallait courir, il chargeait à la baïonnette, il perçait des poitrines et des ventres anonymes.

Il regarda Edmond, vit que celui-ci lui parlait et rampa jusqu'à lui.

— Qu'est-ce tu veux ? J'entends rien avec ce bordel.

— Le sergent s'est fait tuer, dit Edmond en désignant de la tête un corps parmi les corps.

— Et alors, qu'est-ce que tu veux que j'y fasse ?

Le grondement d'une mitrailleuse déchira leurs oreilles. Ils aperçurent soudain des vagues de fantômes qui s'évanouissaient au rythme de l'arme automatique.

Une cascade d'obus se déversa sur eux et pilonna les vestiges du petit bois où Firmin et les autres s'agglutinaient. Un gros trou se forma à quelques mètres des deux cousins et fit taire la mitrailleuse en la volatilisant.

Là-bas, déjà proches, des dizaines de nouveaux fantômes sortirent de la brume. Ils coururent en gueulant. Un 75 tourna alors vers eux sa gueule chauffée à blanc. Ils chutèrent en étreignant les cadavres.

— On est foutu..., grogna le caporal.

Firmin haussa les épaules et regarda la nuit qui venait, rouge de feu.

Trois, ils n'étaient plus que trois, terrés au fond d'un trou d'obus.

— Foutons le camp, suggéra Firmin.

— Impossible, dit le caporal avec lassitude, on peut pas sortir de ce putain de trou.

Souvent, trop souvent, le parapet de terre qui les protégeait se frangeait sous les dards orange d'une mitrailleuse proche.

— Moi je crèverai pas là ! prévint Firmin.

— Ils viendront peut-être pas de nuit... se rassura le caporal.

— Je crois que si..., dit Edmond en regardant son cousin.

— On fout le camp, décida ce dernier.

— Vous êtes cinglés ! s'entêta le caporal dont les yeux gonflés par la fatigue se fermaient peu à peu.

— Viens avec nous, proposa Edmond en le secouant.

— Non, moi j'attends là.

Firmin lui tendit sa gourde qui contenait encore un bon quart de litre d'eau-de-vie.

— Allez, bois un coup et viens.

Le caporal rendit la gourde après avoir bu.

— D'accord, dit-il en rotant, mais c'est une connerie !

Firmin et Edmond se partagèrent le reste de gnôle.

— Bon, on se dit merde et on sort, décida Firmin.

Ils bondirent hors du trou, zigzaguèrent entre les troncs broyés. Firmin vit venir la rafale et se jeta à terre. Les flammes dansèrent autour d'eux.

— Nom de Dieu de nom de Dieu ! sacra Firmin.

— Jure pas, nom d'un chien, c'est pas le moment ! implora Edmond.

— Je vous avais prévenus... dit le caporal.

Les flammes voltigeaient entre eux, s'éloignaient, revenaient, les cherchaient. L'une d'elles arracha le talon d'un des godillots cloutés de Firmin tandis qu'une autre sectionnait le fusil du caporal.

— Miladiou, souffla Firmin, ma parole, curé, si on s'en sort, je me fais sacristain !

— J'aimerais voir ça, dit Edmond.

La rafale s'allongea et vola vers d'autres victimes. Ils reprirent leur course vers l'arrière, vers les abris.

Ils arrivaient dans leurs lignes lorsqu'un obus leur coupa la route. Firmin pirouetta, Edmond s'affaissa, le caporal s'effondra en se tenant le ventre.

— Bande de cons ! hurla-t-il, je vous l'avais dit.

— Ta gueule ! dit Firmin en déchirant le pantalon ensanglanté. T'as de la chance, assura-t-il après avoir regardé la plaie, c'est juste ton gras du bide !

Et il fut content car, pour une fois, ce n'était pas un mensonge.

Edmond n'était pas mort mais ne valait guère mieux. Criblé d'éclats, il gisait sur le dos. Ses yeux démesurément agrandis fixaient le ciel sans étoiles.

— Ça ira..., balbutia-t-il lorsque Firmin se pencha sur lui, et toi, tu n'as rien ?

— Non, comme d'habitude.

Ce n'est que plus tard, après avoir porté Edmond et soutenu le caporal que Firmin remarqua sa propre blessure. Il vit la plaie dans son mollet gauche et aperçut l'éclat toujours blotti dans la chair.

— Je sens rien, assura-t-il à l'infirmier qui le soignait.

Il regarda le petit éclat bleu, le fit sauter dans sa main et rejoignit sa section en boitillant.

La guerre continua et Firmin la vécut seul, malgré ses camarades, car son cousin était absent.

Edmond avait survécu. Son courage, sa volonté de vivre l'avaient sauvé, une fois de plus. De temps à autre, il écrivait des lettres que

Firmin lisait avec plaisir mais auxquelles il ne répondait pas. Il n'avait rien à dire, car tout ce qu'il aurait pu raconter sur sa vie, Edmond le connaissait.

Les palmes qui chargèrent sa croix de guerre et les galons qu'il gagna au feu n'entamèrent pas le profond détachement dans lequel il se retranchait. Il resta en apparence sociable et enjoué tout en devenant plus secret, hermétique. Il attendit, armé de son inébranlable patience de rural, que le carnage prenne fin. Il côtoya la mort, connut l'horreur des gaz, le brasier des lance-flammes mais ne désespéra jamais. Il eut peu à peu conscience que la guerre, tout en forgeant sa volonté, lui insufflait cette gigantesque réserve d'énergie dont il aurait besoin pour plus tard.

Dans un matin brumeux qui sentait la charogne, un clairon annonça la victoire. Firmin chanta et but et chanta encore. Il plongea dans la vie et tenta d'oublier la guerre en sachant bien que c'était impossible.

Par un glacial matin de décembre, Firmin retrouva le bourg des Landes. Il n'y était pas retourné depuis sa courte permission de l'été 1915. Nombreux furent ceux qui ne le reconnurent pas, qui s'étonnèrent de le revoir bien vivant. Beaucoup lui avouèrent même crûment qu'ils le croyaient mort.

— Dame, depuis le temps qu'on t'a pas vu !

Firmin savait que personne ne l'attendait. Il n'avait ni femme, ni enfants ni parents et si les voisins furent contents de le retrouver, ils ne le montrèrent point. La plupart des familles s'étaient émiettées sous les deuils. Firmin comprit et n'en voulut à personne. Qu'on l'ait oublié, qu'on l'ait cru mort, ne le dérangeait pas. Il vivait, c'était l'essentiel.

Il regagna sa petite maison mais dut, pour y entrer, s'ouvrir un chemin dans les ronces. Il écarta un frêne et plusieurs sureaux qui poussaient devant le perron et souleva la potiche de terre. La clé, qu'une rouille épaisse nimbait, était bien à sa place.

Plusieurs rats gris détalèrent lorsqu'il poussa la porte, mais Firmin, depuis qu'il en avait goûté, se moquait des rats. En trois ans d'occupation les rongeurs avaient anéanti ce qui était mangeable. Tout était lacéré, le linge, les draps, le matelas, la paille des chaises, les vieux journaux et même le calendrier de 1914. Plus rien n'était utilisable et il flottait dans les pièces une odeur aigre d'urine, d'excréments et de bêtes crevées.

Il ouvrit en grand les ouvertures de la maison, et les volets grincèrent lorsqu'il les écarta. Il alla ensuite jusqu'à la remise où il plaçait ses outils et arracha aux épines une pelle et un râteau.

C'est à la pelle qu'il jeta tout dehors. Les draps et le linge troués, les chaises et la vieille toile cirée s'entassèrent devant le perron. Il dénicha une bouteille aux trois quarts pleine de pétrole, arrosa l'énorme tas de débris et l'enflamma. Une fumée blanche et puante tourbillonna dans le ciel gris. Firmin activa le brasier, s'éloigna un peu et regarda la haute flamme qui ondulait sous le vent. Il n'était pas découragé par le sinistre accueil que la vie civile lui réservait. Ce qui brûlait là, devant lui, c'était du vieux, du périmé, un reste d'avant-guerre. C'étaient ses chemises et ses pantalons d'homme jeune, les draps et les chaises dont il usait quatre ans plus tôt. Quatre ans, seulement, mais qui lui paraissaient un monde. Maintenant il se sentait un autre homme, pas un vieil homme, mais un autre. Il était déjà entré dans une sorte d'éternité et pour lui le temps n'avait plus cours.

Un jour, deux jours, deux ans, vingt ans, cela ne représentait plus rien lorsqu'on sortait d'un enfer où l'on comptabilisait avec angoisse les secondes qui vous restaient peut-être à vivre. Il ne voulait plus compter, ça ne servait à rien. Le seul fait d'être là et de respirer sans avoir la hantise de s'écrouler soudain était un bonheur suffisant. Sortir indemne de cette guerre lui donnait l'impression d'évoluer non pas avec, mais parallèlement à ceux qui n'avaient pas connu le conflit. Les autres, eux, avaient toujours une optique mathématique de la vie. Ils disaient : « Je plante ma vigne et dans quatre ans j'aurai du vin ! Mon veau vient de naître mais dans trois mois je pourrai le vendre ! Si je place mon argent à huit et demi pour cent, j'aurai gagné tant, dans dix ans ! »

Firmin, lui, ne pouvait raisonner de la sorte. C'était trop déprimant. De plus, s'estimant oublié par la mort, il ne voulait pas se rappeler à son souvenir en la narguant par des visions chiffrées. Le plus sage était de s'installer en marge des jours, sans s'occuper des heures qui passent, sans chercher surtout à les empoisonner. Il lui importait peu de pouvoir dire : je finirai mon travail dans cinq ou dix ans, il ne voulait ni le dire ni le prévoir. Il se mettrait à l'ouvrage sans calculer, avec la merveilleuse sérénité d'un homme vivant hors du temps.

Firmin passa toute la journée à rendre sa maison habitable. Il balaya les moindres recoins et boucha, avec de la chaux et des tessons de bouteille, les trous que les rats avaient ouverts dans les murs. Il remonta son ménage, s'acheta du linge, des draps et deux chaises. Ce fut le soir, alors qu'un grand feu brûlait dans l'âtre, qu'il alla jusqu'à son bois des Roches.

Une froide mais lumineuse nuit d'hiver pétrifiait le bois des Truffières et, dans la cuvette des Roches, les pierres blanches recouvertes de gel brillaient comme en plein jour sous l'éclat de la lune.

Il s'avança dans les cailloux, son ombre cahota dans la rocaille puis s'arrêta. Il contempla son champ et se surprit à fredonner un refrain militaire. Il était heureux, heureux d'être enfin là, de marcher dans les cailloux, de les toucher, de les retrouver et de les voir.

— Eh ben, voilà, dit-il tout haut, je suis de retour, je suis là, c'est tout...

C'était tout, c'était simple. Il avait eu beau partir pendant plus de quatre ans, survivre en se transformant, retrouver un village qui ne le connaissait plus et une maison dévastée, il lui suffisait de revenir là pour que tout recommence.

Ici, rien n'avait changé, tout était semblable aux temps passés, et, comme jadis, Firmin sentit en lui la fièvre du travail, la folie de son œuvre. Elles ne l'avaient jamais quitté.

Et subitement, il eut la révélation de sa véritable vocation, il la sentit en lui d'une façon palpable, presque aussi présente que le rythme de sa respiration ou les battements de son cœur.

— Ça y est, maintenant je sais, dit-il à voix basse, ce que je veux, c'est faire une muraille, une belle muraille, pas avec des pierres en vrac, mais avec des pierres que je rangerai et chacune aura la place qu'elle devra avoir et ma muraille fermera ma pièce.

Il réalisa tout à coup que cette idée était latente en lui depuis longtemps déjà. Mais au début, il n'avait pas saisi que la muraille était plus importante que la lente récupération de la terre. La terre, il la trouverait grâce aux cailloux qu'il en arracherait pour bâtir son mur, mais sa mise en valeur devenait secondaire. Ce n'était plus pour elle qu'il passerait ses jours ici, ce serait pour y trouver les matériaux indispensables dont il avait besoin.

Il comprit que la lutte qu'il avait voulu mener jadis pour tenir tête à son oncle n'était qu'une dispute puérile, une simple gaminerie.

Aujourd'hui, il en était loin. Le vieux Malpeyre avait perdu, puisqu'il était mort, Firmin ne combattrait plus une ombre. Tout au plus garderait-il du passé le souvenir de cette première réaction hargneuse et agressive qui, au lendemain de l'héritage, l'avait conduit, presque malgré lui, à prendre un panier pour le remplir de pierres.

Il avait alors relevé un défi limité, repoussé une provocation qui ne sortait pas du cadre de la commune, qui n'intéressait qu'une poignée d'individus.

A présent, c'était beaucoup plus qu'un défi, quelque chose de grand, de mystérieux. La création d'un univers dont il se réservait l'entière jouissance. Un monde dans lequel il serait seul, où il remplirait tour à tour le rôle d'esclave et de souverain ; à la fois le serf qui arracherait les pierres et le maître qui déciderait leur emplacement. La créature et le Dieu de cet espace lilliputien qu'il voulait établir.

Il constata qu'il « voyait » sa future enceinte et s'étonna un peu de la deviner avec une telle netteté. Il ignora que son subconscient l'avait patiemment et mystérieusement élaborée sans qu'il s'en doutât. Maintenant, de son esprit enfin libre, s'échappaient des idées concrètes, ordonnées, secrètement mûries pendant des mois et des mois.

— Ma muraille sera là, décida-t-il, elle partira d'ici et filera jusqu'au fond du champ. Elle sera solide et belle et sera encore là dans cent ans et même plus. Les gens diront : il fait une muraille pour rien ! mais moi je m'en fous, je la ferai pour moi, rien que pour moi.

Il prit le chemin du retour alors que l'Angélus sonnait et rencontra le vieux curé un peu avant le presbytère.

— Qui c'est ? demanda le vieil homme en sursautant.

— C'est moi, Firmin Malpeyre.

— Ah ! c'est toi, souffla le vieillard, eh bien, tu es revenu, et depuis quand ?

— Ce matin.

— Achève d'entrer, proposa le prêtre, on se gèle ici, et puis je te donnerai le verre du retour.

Ils pénétrèrent dans la cure qui sentait le feu de bois, la bougie et l'encens.

— Mets-toi au chaud, invita le prêtre en se débarrassant de sa grande cape. Alors tu es là, c'est bien !

Le curé s'approcha du foyer et réchauffa ses mains tremblantes, déformées par les rhumatismes. Ils se regardèrent en silence et se mentirent un peu.

— Vous êtes toujours le même, assura Firmin.

Le vieillard sourit.

— Toi aussi, dit-il, tu es bien le même, mais tu n'es pas bien gras.

Et cela voulait dire : Toi aussi, tu as beaucoup vieilli...

— C'était dur là-bas, dit le prêtre.

Ce n'était pas une question mais une certitude.

— Oui, très dur.

— Ton cousin m'écrit parfois, il m'a parlé de vous, tu t'es bien battu et lui aussi. Il m'a dit que tu l'avais ramené sous le feu et que...

Firmin l'interrompit.

— Et qu'est-ce qu'il fait maintenant ?

— Il est de nouveau au grand séminaire, oh ! pas depuis longtemps, ses blessures ont été longues à se fermer. Allons, le Bon Dieu était avec vous.

— Peut-être..., murmura Firmin.

— Mais si, mais si ! Tiens, je t'offre un verre de vin paillé. Dis, demanda le curé en revenant avec une bouteille poussiéreuse, tu n'as pas été voir ta tante ?

— Non.

— Alors écoute, n'y va pas, tu comprends c'est...

— Je comprends, coupa Firmin, moi je suis vivant et l'Émile est mort. Moi j'ai pas de femme ni d'enfants et je suis là et l'Émile est mort. Et des Émile, ils sont des centaines de milliers, portez pas peine, je narguerai personne.

— C'est bien, dit le curé en versant le vin liquoreux, et qu'est-ce que tu vas faire maintenant ?

— Je vais me mettre après mes cailloux.

— Et ça tient toujours et ça t'a pas passé ?

— Eh non, au contraire.

— Et tu ne sais toujours pas pourquoi tu veux faire ça ? Tu ne sais peut-être même pas ce que tu veux faire !

— Si, maintenant je sais. Je veux faire une muraille de mes mains, une grande muraille bien bâtie et qui sera de moi. Et je la ferai belle, avec un jardin dessus où je mettrai des fleurs si j'en ai envie. Voilà ce que je veux faire, ce sera mon œuvre.

L'abbé remua lentement sa tête toute blanche.

— Pauvre Firmin, dit-il enfin, tu n'y arriveras pas ! Et puis pourquoi veux-tu te fermer ?

— Bah ! on est mieux dedans que dehors et moi j'en ai mon aise d'être toujours dehors.

— Tu veux toujours défier le monde alors ?

— Non, même plus, je veux défier personne. Le monde, il ne m'intéresse pas, surtout depuis la guerre... Le monde, il est aussi fou que moi, beaucoup plus même, parce que ma folie, elle ne gêne personne, elle ne fait pas la guerre, ma folie, elle ne dérange pas le voisin ! Je me la fais chez moi, rien que pour moi.

— Évidemment, dit le curé en tripotant son verre, si tu le prends comme ça tu n'as sans doute pas entièrement tort, mais quand même c'est une drôle d'idée. Allons, à ta santé et puis... à ton travail ! Mais dis-moi, reprit le vieillard après avoir bu, dans tout ça tu ne parles même pas de te marier, tu as l'âge pourtant.

— Oui, j'ai l'âge, mais il me manque la femme !

— Oh, ça se trouve !

— Non, pas pour moi. J'en trouverai pas une assez folle, j'en trouverai pas une qui ne me rira pas au nez quand je lui parlerai de mon travail.

— Alors, reprocha le prêtre, tu vas recommencer à courir et à rendre malheureuses quelques pauvres filles !

— Malheureuses, c'est vite dit, jusque-là elles n'en ont pas eu l'air..., lança Firmin en souriant. Allons, monsieur le curé, laissez donc toutes ces histoires, elles vous tournent le sang pour rien !

— Non, pas pour rien, c'est ça mon travail à moi.

— Et il vous plaît ?

— Bien sûr !

— Alors c'est très bien, dit Firmin en se levant.

Il serra la main du vieux prêtre et plongea dans la nuit qui sentait la neige.

VI

Il ne s'agissait plus maintenant de travailler un peu à l'aveuglette et sans trop savoir où on allait, non, le choix était fait, le temps des hésitations et des tâtonnements était passé.

Firmin décida d'élever son mur par tronçons successifs.

Halant avec peine les énormes blocs qu'il avait déjà remués pendant sa permission, il les regroupa, les serra, les cala entre eux et forma ainsi une base stable, capable de supporter des tonnes et des tonnes de pierres. Il commença sur vingt mètres de long et quatre de large mais constata très vite que son rendement, pourtant formidable, était insuffisant. Un quartier monstrueux, d'au moins quatre quintaux, l'occupa pendant plusieurs jours car il voulait coûte que coûte que ce rocher prenne place dans les fondations.

Se refusant à le briser à coups de masse, il le poussa sur des rondins de buis et le dirigea à travers les cailloux avec une patience et une force que seule la foi en son œuvre pouvait lui donner. De cette dalle, il fit l'un des angles et c'est sous elle qu'il glissa en souriant le caillou rond et tiède qui s'usait au fond de sa poche depuis presque cinq ans. Malgré la profonde satisfaction qu'il ressentit lorsque la table de pierre fut en place, il dut bien s'avouer que son travail était trop lent.

L'idée qu'il voyait trop grand, qu'il s'attaquait à l'impossible ne lui vint pas un seul instant à l'esprit. Pour lui, il n'était pas question de se plaindre, tout au plus constata-t-il que quelque chose n'allait pas. Alors, non pour gagner du temps, mais simplement pour être plus efficace, il décida de prendre un compagnon. C'est vers un âne qu'il se tourna. Il le choisit robuste et jeune. Il fabriqua un traîneau sommaire et, la bête tirant et lui poussant, ils édifièrent ensemble le premier pan de la muraille.

Les gens du bourg et des environs parlèrent désormais de Firmin avec des haussements d'épaules. Cette fois, il était bien fou. Il y eut dans son dos des sourires narquois et des gestes significatifs. Mais, comme il était brave homme, on reprit l'habitude le dimanche de lui confier qui sa tête et qui sa barbe. On en vint très vite à lui parler comme à un innocent avec une supériorité débordante de bêtise.

Firmin se souciait de moins en moins de l'opinion publique. Il ne voulait ni ouvrir le dialogue ni plaider sa cause. Il n'avait rien à expliquer et ne tentait même pas de le faire, sachant que c'était vain. Il était satisfait de son travail et, pour le moment, s'en contentait. Il ne demandait ni qu'on le comprenne ni qu'on l'approuve. Les seuls encouragements qu'il recevait étaient ceux que lui donnaient les pierres. La lente mais visible progression de son œuvre lui procurait un bonheur suffisant. Il prenait plaisir, chaque soir, à voir son travail de la journée et, chaque matin, à revoir l'ouvrage de la veille. Il ne passait pas une seule journée sans venir sur le chantier. Parfois, lorsque la culture de son petit enclos ou un temps trop mauvais l'avait retenu loin de sa muraille, c'était à la nuit qu'il y venait. Là, il ne pouvait s'empêcher de remuer quelques cailloux, un ou deux, pas plus, uniquement pour le plaisir. C'est avec les sentiments d'un sculpteur améliorant sa création en cours qu'il rectifiait l'alignement d'une pierre, cherchant sans hâte sa meilleure assise, la tournant et la retournant avant de la poser sur sa face la plus plane.

Les saisons passèrent sans que Firmin s'en inquiétât. Le tronçon s'éleva et commença à faire de l'ombre. Il était beau, naturel, les blocs se soudaient entre eux sans qu'aucun mortier ne les lie. Ils se soutenaient car leurs formes s'épousaient, ils donnèrent un mur sans faille car leur poids les bloquait.

Firmin ne dressa pas une muraille toute droite. Il la voulait haute et, pour éviter que le mur ne s'écroule, il lui donna une douce mais pesante inclinaison. C'est dans une courbe majestueuse que les côtés du mur s'appuyèrent sur le centre.

Avec de pareilles bases et un tel art dans la construction, Firmin eût pu élever un donjon de château fort, mais il n'y pensa pas et décida que sa muraille n'aurait que trois mètres de haut. Il réinventa donc le principe du pan incliné pour permettre à son âne de monter les cailloux. Une année entière s'écoula et Firmin ne réalisa même pas qu'il avait vieilli d'un an. Il constata simplement que son œuvre prenait forme, que le bois des Roches changeait d'allure et que la terre apparaissait par plaques.

Il piochait ses cailloux en ouvrant, dans l'épaisseur rocailleuse, des tranchées rectilignes qui couraient parallèlement à la muraille. Son âne, maintenant très bien dressé, suivait en solitaire le parcours monotone que Firmin lui avait enseigné. La bête attendait que le traîneau soit plein puis, au commandement de l'homme, elle s'en allait toute seule. Firmin grimpait directement sur le mur et avait le temps de disposer quelques moellons en attendant la nouvelle charge que l'âne amenait jusqu'à lui. Une fois le véhicule déchargé, l'animal repartait, reprenait le pan incliné puis venait jusqu'à la tranchée où son maître le rejoignait.

Leur travail n'était ni brutal, ni saccadé. Il

était calme, patient, efficace. C'était le travail d'un homme qui, tout comme son âne, ne calculait ni son temps ni sa peine.

Un jour de printemps 1920, Firmin aperçut au bout de son champ une silhouette qu'il ne reconnut pas. Il fallut qu'Edmond s'approchât pour que les yeux interrogatifs de Firmin se plissent soudain et pétillent.

Ils se regardèrent sans mot dire et brusquement, ils s'étreignirent comme deux amis que la vie a longuement séparés.

— Mais dis donc, s'exclama Firmin, te voilà curé pour de bon, t'as même la tonsure !

— Eh oui.

Ils s'observèrent encore un peu, puis soudain la conversation déferla. Ils avaient tout à se raconter, à s'expliquer, à se rappeler et leurs souvenirs se mêlèrent, se complétèrent et déclenchèrent leurs rires.

— Eh bien, s'extasia plus tard Edmond en regardant la muraille, ça te tient toujours ton idée, tu en as fait un boulot !

— Oh, je commence tout juste, mais enfin, je peux pas me plaindre, ça avance.

— Oui, plutôt ! Et... tu vas jusqu'au bout du champ ?

— Oui et une fois au bout je recommence de l'autre côté.

— Bien sûr, c'est tout à fait logique, dit Edmond.

— Tu trouves ? questionna Firmin avec étonnement.

— Oui, après tout, c'est le travail que tu t'es choisi, il est bon que tu le finisses.

— C'est ça, dit Firmin qui se mit à tripoter une pierre pour cacher son émotion. Tu es bien le seul à me dire ça, avoua-t-il enfin.

Puis il changea de conversation.

— Et qu'est-ce que tu viens faire au pays ?

— Je suis là pour le baptême.

— De qui ?

— De mon neveu, voyons, le fils de Léonie !

— Elle est mariée ?

— Écoute, Firmin, tu plaisantes ? Léonie est mariée depuis plus de quatre ans, elle a déjà une fille !

Firmin baissa la tête, regarda ses mains aux ongles écrasés, usés par les pierres, et se tassa un peu.

— Ben tu vois, je savais pas... Tu comprends, dit-il vivement, personne ne me dit rien, on ne me parle pas, pas comme à un homme. Bien sûr, je m'en fous, mais quand même... Oh ! c'est bien un peu ma faute ! Tu vois, ils sont venus me trouver pour le 11 novembre, ils voulaient que je porte le drapeau puisque c'est moi qui ai le plus de décorations, eh ben, je les ai envoyés au diable !

— Pourquoi ?

— Bah, je sais pas trop, j'ai plus envie de voir le monde et puis, à quoi ça sert leur bêtise d'anniversaire, c'est pas ça qui fera revivre les morts ! Ils m'ont dit : « C'est pour donner l'exemple aux jeunes ! » Je te crois, oui ! les jeunes ils n'en ont rien à foutre de nous, la preuve, ils me font les cornes dans le dos et se foutent de moi quand je passe dans le bourg, ils auraient bien rigolé en voyant un fada porter le drapeau ! Alors, aux anciens, je leur ai dit merde ! Ils me font rire avec leurs défilés, eux qui gueulaient sûrement comme des ânes lorsqu'il fallait en faire un vrai ! Et puis voilà tout.

— Tu es trop seul, dit Edmond, tu t'es trop coupé des autres, tu devrais leur expliquer.

— Mais non, ah ! pauvre, on dirait que tu les connais pas ! Moi je me suis coupé de personne, c'est eux, parce qu'ils me trouvent fou.

— Ils ont quand même des excuses, insista Edmond, tu fais là un travail qui sort un peu de l'ordinaire !

— Oui, mais qu'est-ce que ça peut leur foutre ? On n'est pas libre de faire ce qu'on veut chez soi ?

— Si bien sûr.

— Alors, pourquoi ils m'emmerdent ?

Edmond réfléchit en se grattant machinalement une oreille.

— Ils doivent avoir peur que tu réussisses, dit-il enfin, eux ils croient que tu les défies ; si tu t'arrêtes, ils gagnent ; si tu arrives au bout, c'est toi le vainqueur.

— Alors ils sont idiots, assura Firmin, moi je fais plus de pari avec personne.

— C'est sans doute vrai, reconnut Edmond, mais quand même, malgré les motifs qui te poussent à faire ça, les autres t'aident en te critiquant. Tu ne peux plus t'arrêter maintenant, même si tu le voulais. Toi, tu ne fais plus un pari, mais les autres tiennent le leur et le leur c'est que tu t'arrêtes, et si tu t'arrêtes...

— Oui, dit Firmin, si je m'arrête je passe pour un âne.

— C'est ça.

— Oui, mais rien que d'être là dans ces cailloux, je passe aussi pour un âne...

— C'est vrai.

— Alors tu vois, c'est bien ce que je te disais, c'est pas moi qui me suis coupé d'eux !

— Allez va ! trancha Edmond joyeusement, ne te tracasse pas trop, ça passera avec le temps !

— Oh ! je me bile pas, oh non ! le rassura Firmin, mais quand même, ils pourraient être plus aimables. Tu vois, curé, c'est raide ! Moi, je ne suis pas calotin et c'est rien qu'avec des curés que je peux causer.

L'été arriva. La muraille atteignit un mètre cinquante de haut sur une dizaine de pas. A sa base, une large bande de terre rouge, mise au jour par l'enlèvement des pierres, se fendilla sous le soleil.

Une idée germa alors chez Firmin et le préoccupa pendant plusieurs semaines. Un dilemme s'offrait à lui, il était né au fur et à mesure de l'apparition de la couche arable et exigeait une solution. Firmin décida, hésita puis abandonna sa muraille.

— Peux pas faire autrement, se dit-il, faut aussi que je m'occupe de l'intérieur du champ.

Il lui était en effet apparu que s'il négligeait trop la terre au profit de son mur, ce dernier, une fois fini, n'enfermerait qu'un désert. Ce ne serait pas alors le royaume désiré, mais une prison de pierre.

Pour que la terre atteigne la plénitude de son rendement lorsque le dernier caillou serait posé, il fallait provisoirement les délaisser et s'occuper du sol. Firmin organisa tout dans les moindres détails. Il prit son temps, étudia l'exposition de la pièce, son ensoleillement, son ouverture aux vents, ses coins plus froids et ceux qui gelaient moins. C'est sur la face est de la cuvette, celle qui captait le mieux le soleil, qu'il commença à faire des trous dans la couche de cailloux. Il les disposa en quinconce pour que les pieds de vigne qu'il voulait planter là ne se cachent pas mutuellement le soleil. Il eut la satisfaction de voir que la nappe de pierres n'était pas trop épaisse. Grâce à cela, la vigne qu'il mettrait jaillirait du sol dès sa deuxième année. On trouverait l'idée ridicule sans se rendre compte que les pierres, cernant les ceps de vigne, les protégeraient d'un trop fort soleil et aussi du gel.

Au pied de la future muraille et du tronçon déjà fait, Firmin creusa des trous de différentes grosseurs. Les uns recevraient de la vigne qu'il pourrait, plus tard, faire courir sur le mur. Dans les autres, il se proposa de mettre des abricotiers, des poiriers et des pommiers qu'une taille en espalier plaquerait contre les pierres. C'est en suivant les allées imaginaires, qu'il ouvrirait bien plus tard, qu'il continua à percer des trous. Il voulait des allées bordées d'arbres. Ici, ce seraient les cerisiers, là, les pêchers, au nord, des chênes truffiers, plus loin, des noyers. Accroché à son idée, il puisa dans la surface caillouteuse et découvrit partout une terre rouge, pleine de promesses.

C'est en creusant au milieu du champ, tout au fond de la cuvette, qu'il trouva une source. Oh, ce n'était peut-être que l'arrivée naturelle des eaux de ruissellement, mais qu'importait ? C'était boueux en plein été. Alors, un projet qu'il aurait dû être le dernier à avoir s'installa en lui et le laissa une heure assis, pensif au bord du trou. Quand il se releva, lui qui depuis bien longtemps avait oublié la fuite des jours décida un peu pour rire de mettre en place un cadran solaire colossal. Il ferait là un cadran peu banal et parfaitement inutile, mais il le ferait tout comme le reste, pour l'agrément. Il serait lisible de lui seul car personne ne découvrirait jamais que le peuplier du centre donnerait l'heure grâce à l'ombre qu'il promènerait sur les douze pommiers dont Firmin le cernerait. Il creusa donc. A l'hiver, le bois des Roches était prêt à devenir le verger de Firmin, le pauvre fou du bourg des Landes.

Ce fut vers cette époque que les habitants du village eurent droit, chaque matin, à une scène qui souleva l'hilarité. Firmin comprit très bien que son manège n'était pas de ceux qui le réhabiliteraient aux yeux du monde, mais il passa outre.

Au petit jour, il arrivait sur la place. L'âne, portant sur ses flancs deux énormes couffins, ouvrait la marche. Il s'arrêtait lorsque son maître le sifflait et attendait, avec beaucoup de patience, que Firmin fasse son travail. C'était très simple. Armé d'une pelle et d'un balai, Firmin ramassait systématiquement toutes les bouses déposées çà et là par les vaches. Il commençait sa quête à la sortie des fermes et, suivant le parcours qui menait jusqu'à l'abreuvoir commun, il recueillait ainsi l'indispensable fumier dont il avait besoin. Parfois, lorsqu'une bouse était en litige, c'est-à-dire lorsqu'elle se trouvait en dehors de la rue et devant une ferme, Firmin hélait le propriétaire.

— Hé ! tu te la gardes ou tu me la donnes ?

— De... de quoi tu parles ? balbutiaient au début les interpellés.

— De ta bouse, là, tu vois elle est pas sur le chemin, elle est chez toi. Si toi t'en fais pas usage, moi je la prends !

— Prends-la donc, ça nettoiera ! répondaient toujours les paysans interloqués.

— Alors merci bien, disait Firmin en récupérant « l'objet ».

— Mais qu'est-ce que tu veux en foutre ?

— Hé, c'est pour ma terre, t'as pas vu que j'avais mis des arbres partout ?

— Des arbres ? soufflait l'autre en ouvrant de grands yeux.

— Oui, et puis de la vigne.

— Dans les cailloux ?

— Ah ! non, au fond ! Je te porterai des fruits plus tard, quand ça aura poussé.

— C'est ça, c'est ça, abrégeait l'homme, on verra plus tard... Allez, pauvre, porte-toi bien !

Et Firmin peu à peu remplissait ses couffins. Les premiers jours, on s'amusa beaucoup de le voir traquer ainsi la plus petite cuillerée de fumier.

— Pourquoi tu mets pas un panier sous le cul de ton âne ? lancèrent quelques joyeux lurons.

— Ho ! Firmin ! Comment tu fais pour ramasser les crottes de chèvres ? Tu prends un fil et une aiguille et tu enfiles, non ?

Mais lui, impassible, dédaignait les quolibets et poursuivait sa tâche. On s'aperçut bientôt que le bourg n'avait jamais été aussi propre. On s'y habitua et plus personne ne fit attention à Firmin et à son âne.

Chaque arbre et chaque pied de vigne du bois des Roches reçurent ainsi leur part de fumier. Lorsque tous les trous eurent leur content pour une année, Firmin commença à thésauriser sa récolte journalière et à l'entasser dans un coin de champ.

Quelques années plus tard, et bien qu'il y puisât largement, son tas de fumier était le plus beau de la commune ! Il y sema des melons et, tenant sa parole, les distribua à ceux qui, en rigolant, lui avaient jadis abandonné une bouse.

Les plantations achevées, Firmin se remit avec fougue à la construction du mur. Désormais, seul devait compter le patient assemblage des centaines de milliers de pierres. Ayant tout fait pour que la terre de son champ puisse porter ses fruits, Firmin se sentait plus disponible, plus libre et même, plus entreprenant.

Il put, en toute quiétude, se braquer tout entier sur son projet.

Il ne négligea pas pour autant la culture de son enclos. Il se tint chaque dimanche, rasoir en main, à la disposition de ses clients, et continua aussi tous les matins à récupérer les bouses. Mais ces besognes devinrent machinales, il les accomplit par routine mais sans ennui. Ce détachement lui permit de choisir mieux ses pierres, de les assembler avec une attention encore accrue. Il prenait, par exemple, grand soin à disposer le moindre caillou de sorte qu'il ne devienne jamais, soit en glissant ou en se cassant, un danger pour l'ensemble de l'édifice.

Son instinct de terrien redécouvrait peu à peu les techniques et les gestes que ses lointains ancêtres avaient employés pour élever des pyramides, des temples, des aqueducs et plus récemment des cathédrales.

La première niche qu'il bâtit à l'intérieur de la muraille, et dans le seul but de pouvoir s'y abriter en cas de trop forte pluie, fut un antre un peu fruste. Sa solidité, qui ne pouvait être mise en doute, était garantie par les énormes blocs qui formaient son plafond. Le travail était bien fait mais l'art y balbutiait à peine. C'était un trou carré d'un mètre quatre-vingts en tous sens, que Firmin lui-même jugea utile mais peu esthétique.

Ce fut beaucoup plus tard qu'il créa une véritable pièce dont l'ouverture s'orna d'un cintre en pierre de taille et dont le plafond fut une voûte merveilleusement assemblée.

Firmin retrouva donc l'œuvre de sa vie et, de ce fait, le monde s'estompa un peu plus chaque jour. Comme il l'avait dit à son cousin, ce furent les autres qui le poussèrent dans le silence, qui échafaudèrent autour de lui un autre mur, un mur d'indifférence et de mépris amusé. On prit l'habitude de l'ignorer car il n'était plus drôle de le couvrir de plaisanteries douteuses auxquelles il ne répondait pas. On ne lui parla plus ; ni de sa folie des pierres, ni de sa muraille, ni même de ses arbres. Tout au plus y eut-il encore des : « Tiens, coupe-moi la barbe ! » ou bien : « Tire-moi un peu de cette tignasse ! », mais ce fut tout. Firmin en souffrit car, tout en désirant vivre dans sa petite planète de cailloux, il lui était douloureux d'extirper de lui tout ce qui le rattachait au monde des autres.

Il aurait voulu pouvoir conserver de la société les quelques rares mais bons côtés qu'il y trouvait. Il aurait aimé bénéficier des deux plaisirs à la fois. C'était impossible. Le religieux qui s'enferme au plus profond d'un monastère pour y chercher le silence regrette parfois de ne pouvoir le rompre. Firmin, en fuyant le troupeau de ses semblables, s'était également coupé de la chaleur qui en émane.

Alors, lui qui jadis aimait parler et rire n'eut plus pour interlocuteur qu'un âne inattentif et des pierres. C'est pour ne pas oublier le son de sa propre voix et aussi pour entendre une voix humaine qu'il prit l'habitude de se parler. Bientôt de longues conversations résonnèrent dans le bois des Roches. Ce furent d'étranges dialogues, naïfs pour parler du temps, du travail ou des arbres, pathétiques lorsqu'il s'accusa d'être fou. Cela devait fatalement arriver. Il était logique et sans doute indispensable, qu'il en vienne un jour à tout remettre en question. Il n'échappa point à la règle qui veut que tout homme conscient s'interroge, au moins une fois, sur le sens de sa vie et se décharge de ses angoisses en se confiant à un ami. Firmin n'avait que son âne, c'est assis devant qu'il vida sa querelle.

— Et moi je te dis que tu es fou, pauvre Firmin...

— Ta gueule, tu causes comme les autres, laisse-moi travailler !

— Tu parles d'un boulot, oui ! Tu perds ton temps...

— C'est pas vrai, d'ailleurs ça ne regarde que moi, moi j'ai besoin de faire ça pour vivre.

— Pauvre andouille, tu n'y gagnes que des ennuis ! T'as pas vu que plus personne te parle ? Tu sais même plus ce qui se passe dans le pays, tu vis comme un sauvage !

— C'est vrai, mais je m'en fous.

— Menteur !

— Oh ! et puis merde hein ! De quoi tu t'occupes ? Laisse-moi tranquille, c'est moi qui a raison et c'est pas toi qui m'empêcheras de bâtir ma muraille !

Comme il avait élevé la voix, l'âne remua les oreilles et pencha la tête pour regarder son maître.

— Allez ! au boulot, s'ordonna Firmin, et toi, lança-t-il à l'adresse de son double, ne viens plus me casser les oreilles avec tes histoires, je ne veux plus les entendre ! Oui, je suis fou peut-être et alors, ça te gêne ? Oui je suis seul et personne ne me parle ! C'est vrai, je suis seul, mais je peux l'être. Si les autres se groupent c'est parce qu'ils ont peur. Ils ont peur de vivre et de s'isoler, peur de leur ombre, peur de tout... Alors ils se groupent comme des moutons et ils se font des beaux discours pour se donner du courage ; et puis, quand ils sont à plusieurs, ils font les caïds, se gonflent le jabot comme des dindons ! Ils se croient les plus forts, mais c'est pas vrai, c'est eux qui sont faibles, aussi faibles que des gosses. Ils ont besoin de se coller entre eux pour tenir debout, de se toucher, de se sentir. Et ils cachent leur peur au milieu d'eux et ils l'enferment et ils sont foutus dès qu'ils sont seuls en face d'elle. Moi, si ! Moi je suis seul et je fais seul ce que je veux et personne m'aide. Pourtant ma muraille sera faite et restera debout pendant des siècles, d'ailleurs, regarde comme elle est déjà belle, regarde comme elle grandit ! Je suis fou, tu dis ? Non, je ne suis pas fou, je fais ce que je dois faire et j'y trouve ma vie, ça me suffit !

Et c'est en maugréant qu'il reprit son travail. Il s'y acharna, s'y éreinta et ce jour resta gravé en lui comme un des plus durs, un des plus pénibles. Ce ne fut que le soir, malgré ses reins brisés, ses doigts écorchés et tous ses muscles douloureux, qu'il retrouva la paix.

Son œuvre avait quand même progressé.

VII

Par un après-midi brumeux et froid de décembre 1925, Firmin interrompit son travail en entendant sonner le glas.

— Et alors, qui est mort ? dit-il tout haut.

Il répertoria tous les vieillards du bourg mais ne parvint pas à mettre un nom sur celui dont on annonçait le départ.

— Quand même, ils m'auraient bien prévenu si c'était la tante ! Il eut cependant un doute.

— M'auraient prévenu, ouais, pas sûr... Ils penseront à tout le monde et moi ils m'oublieront !

Il décida d'aller au village pour en avoir le cœur net.

— Là au moins je finirai par savoir qui est mort !

Il l'apprit avant même d'arriver aux Landes, en passant devant le presbytère. Il en ressentit une grande tristesse, mais aussi beaucoup de colère. Le vieux curé était mort et il n'en avait rien su. Personne ne lui avait seulement soufflé mot du déclin du vieillard. Maintenant, il était parti et Firmin qui avait ignoré son agonie n'avait pas pu lui dire adieu. Il fendit le groupe de dévotes qui caquetaient devant le presbytère et entra.

Le vieillard était décédé depuis une heure à peine. Il reposait sur son grand lit de bois qu'une femme, encore plus âgée que le défunt, finissait d'apprêter.

Firmin se signa gauchement. Il regarda le mort et songea que lui au moins ne l'avait jamais méprisé ni ignoré. Bien au contraire, car souvent le vieux curé l'appelait lorsqu'il l'apercevait et lui offrait, avec amitié, cinq ou dix minutes de conversation.

« Il y avait quelque temps que je l'avais pas vu », pensa Firmin, et il s'en voulut.

— Et vous, lança-t-il tout haut, vous pouviez pas me prévenir, non ?

La vieille bonne sursauta, le regarda avec crainte et mit son index sur la bouche.

— Chuuuut ! souffla-t-elle.

— Vieille carne, articula-t-il, ça lui aurait écorché la gueule d'adresser la parole à un fou ! Et l'enterrement ? demanda-t-il tout haut.

— Chuuut ! après-demain matin, chuchota la bonne.

Il regarda une dernière fois le corps puis, faisant demi-tour, se dirigea vers la porte.

— Je viendrai le veiller, dit-il avant de sortir,

et si ça vous plaît pas, c'est le même prix ! lança-t-il en s'adressant aux femmes qui jacassaient dehors.

Il se campa devant elles et les dévisagea.

— Je parie, dit-il lentement, que vous l'avez laissé partir tout seul, hein ? Pardi ! le pauvre vieux en savait trop sur votre compte à toutes, personne a voulu entendre ce qu'il pouvait avoir à dire, lui !

Il s'éloigna et les femmes, le voyant prendre la direction de son bois, hochèrent la tête avec de petits sourires pincés.

Après tout, ce n'était pas leur faute si le curé était mort seul... Il était mort en solitaire, entre midi et deux heures, pendant l'absence de sa vieille bonne qui, tous les jours à ce moment-là, s'esquivait subrepticement pour aller faire un brin de causette.

Firmin arriva lorsque la nuit tombait et s'installa dans la chambre mortuaire.

Il ne pria point, ce n'était pas dans ses habitudes. De plus, même en se forçant, il n'aurait pas su comment ni à qui adresser un essai de prière.

Dieu ? Oui, d'accord on en parle, mais ensuite ? Il resta donc pensif au chevet du défunt.

Vers deux heures du matin, comme il était immobile et silencieux, que les trois curés des communes environnantes étaient perdus dans leurs prières, les femmes présentes, lassées de réciter d'interminables chapelets, s'enhardirent et papotèrent entre elles.

— Vos gueules, lâcha Firmin, foutez-lui la paix à ce vieil homme, il vous a assez entendues pendant toute sa vie !

Les femmes se regardèrent avec effroi et les curés sursautèrent.

« Il est fou ! » disaient leurs regards.

Mais il les ignora tous et reprit sa méditation.

Tout le monde apprit dans la matinée qu'il avait fait un scandale. Ces dames s'entendirent entre elles pour qu'aucune n'aille veiller le mort la nuit suivante si Firmin se présentait.

Les hommes furent donc seuls pendant toute la deuxième nuit. Firmin reprit sa garde sans prière ; il lui suffisait d'offrir sa présence et son amitié.

Il fut le seul homme de la commune à suivre l'enterrement. Il prit place derrière le corbillard et s'il resta au fond de l'église, il sortit le dernier du cimetière. Il partit longtemps après les prêtres des paroisses voisines venus pour la cérémonie.

Il partit bien après le fossoyeur car, voulant rendre un ultime service à son vieil ami, il reboucha lui-même la fosse.

C'est en buvant un coup de la pièce que lui avait donnée Firmin que le fossoyeur raconta l'histoire.

— Bondiou ! s'exclama-t-il en tapant sur la table, si ce fada veut me payer pour faire le boulot à ma place, alors là, moi je suis d'accord !

Firmin se servit une grande assiettée de soupe puis, en attendant qu'elle refroidisse, cassa quatre œufs dans un bol et prépara une omelette. Il mit une cuillerée de graisse au centre de la poêle et s'apprêtait à la poser sur le trépied lorsqu'on frappa à sa porte.

Il s'immobilisa, étonné. Personne n'était entré chez lui depuis des années.

— Alors, tu ouvres ? lança une voix.

— Miladiou ! C'est toi, Edmond ?

— Jure pas et ouvre ! A moins que tu préfères que je gèle sur le perron.

Ils ne s'étaient pas vus depuis longtemps car Edmond, vicaire à la ville, revenait très rarement.

— Chauffe-toi, invita Firmin. Eh ben, dis donc, ça fait un bout de temps qu'on t'a pas vu !

— Oui, ça remonte à loin et toi, ça va ?

— Ça va, ça va, assura Firmin, et la famille ?

— C'est quand même malheureux que ce soit toi qui me demandes de ses nouvelles ! Tu es quand même plus près d'elle que moi ! reprocha Edmond.

— Oui mais... Oh moi tu sais, je vois personne et personne cherche à me voir... Enfin si, ils me voient mais ils me disent rien...

— Je sais, dit Edmond. Eh bien, la famille va, ma mère ne rajeunit pas, mais enfin ! Tiens, Léonie en attend un autre pour février, tu le savais ?

— Foutre non ! Comme c'est pas moi qui l'ai fait je peux pas deviner ! Dis, proposa Firmin, tu restes dîner, hein ?

Edmond le regarda furtivement et comprit qu'il ne pouvait pas refuser.

— Naturellement, dit-il.

— Ah bon, soupira Firmin qui se détourna pour sourire.

Il sortit le jambon, le pâté, les boudins, ajouta quatre œufs à son omelette, fouilla dans sa cave, en revint avec deux bouteilles de vin vieux et prépara la table.

— Alors, et cette muraille et ces arbres, ça marche ? demanda Edmond.

— Oui, ça va bien. Mes arbres sont beaux, assura Firmin, quant à ma vigne, c'est pas parce que c'est la mienne, mais je voudrais que tu la voies ! Ma muraille, eh ben, j'attaque le deuxième tronçon. Oh ! j'en ai fait que deux mètres mais enfin, ça commence à se voir. T'auras pas le temps d'aller te rendre compte mais c'est dommage.

— Mais si, j'irai voir.

— C'est vrai ? s'étonna Firmin, t'es là pour quelques jours ?

— Pour longtemps, si Dieu le veut.

Firmin resta sans voix, s'assit au coin du feu et remua machinalement les braises.

— Je comprends pas, murmura-t-il enfin, t'as quand même pas quitté la soutane, tu reviens pas t'installer à la ferme ?

— Manquerait plus que ça ! lança Edmond, mais non, je suis le nouveau curé, voilà tout !

— Ah ! nom de Dieu !

Firmin ne s'était pas senti aussi joyeux depuis bien longtemps. Si Edmond s'installait aux Landes, cela voulait dire qu'il y aurait au moins un homme à qui il pourrait parler.

— Tu jures toujours autant, si je comprends bien, constata Edmond.

— Ben écoute, comment te dire, je sais pas moi, je suis content ! Alors comme ça tu viens remplacer le pauvre vieux ?

— Eh oui.

— Je l'aimais bien ce curé, dit Firmin. Merde ! mon omelette crame !

Il la retira du feu et la glissa sur une assiette.

— Viens à table, fit-il, oui, le vieux curé c'était un brave, je l'aimais bien, redit-il après s'être assis.

— Je sais, il me l'avait dit, assura Edmond.

La colère qui animait Firmin depuis la mort du vieillard éclata d'un coup. Il raconta tout, parla du silence dans lequel les gens l'avaient enfermé et il y avait une grande détresse au fond de sa voix.

— Ils me laisseraient crever sans me dire un mot..., dit-il avec rancœur, puis il s'ébroua et sourit. Allez va, parlons d'autre chose, tiens, ressers-toi.

La conversation dévia, accrocha un premier souvenir, puis un autre et se confina définitivement dans le passé.

Assis à l'ombre de sa muraille, Firmin bâilla et

s'étira. Il venait, comme chaque après-midi, se protéger de la chaleur en s'isolant dans la première niche du mur. Il régnait dans l'alvéole une fraîcheur de bonne cave. Nul bruit ne s'infiltrait jusque-là et rien ne venait troubler les quelques heures de sommeil que Firmin s'accordait par les trop chauds après-midi d'été.

Le bois des Roches transpirait sous le soleil mais les arbres fruitiers, dont la majorité étaient encore cernés de cailloux, ne souffraient pas de la chaleur. Ils étaient beaux, drus et pleins de vie. Ils étaient baroques aussi car leurs branches sortaient directement de la rocaille, et ces arbres, aux troncs invisibles, faisaient de grosses verrues vertes au milieu des cailloux blanchâtres.

Firmin était fier de ses fruitiers qui, pour la première année, allaient lui donner une récolte sérieuse. Les ceps de vigne, débarrassés de leur ceinture pierreuse, buvaient à pleines grappes le soleil qui les nourrissait. La vigne était belle et le vin serait bon.

Firmin regarda son cadran solaire et sourit. Le peuplier du centre grandissait avec une étonnante rapidité. Déjà, son ombre en forme de pinceau se tendait et tournait devant les douze pommiers dont chacun donnait l'heure. Les chênes croissaient avec lenteur et il était encore trop tôt pour savoir si les truffes s'abriteraient un jour entre leurs racines. Firmin n'ignorait rien de leurs caprices ; il savait bien qu'elles refusent souvent le sol qu'on leur a préparé, qu'elles s'installent parfois, puis disparaissent. Alors, un peu pour les apprivoiser, il avait laissé entre les chênes les vieux pieds de genévriers et d'églantiers où les truffes se cachent quelquefois.

Il alluma une cigarette, se leva puis grimpa sur la muraille.

Il avait créé sur le faîte du premier tronçon un jardin suspendu qui lui donnait beaucoup de satisfaction. Là, et grâce à l'épaisse couche de terre rapportée, les fraisiers se mêlaient aux capucines et aux marguerites où butinaient les abeilles. Firmin se doutait bien que son jardin craindrait la sécheresse mais peu lui importait. Il s'estimait payé de sa peine par les quelques mois fleuris que le printemps lui avait donnés. Si le soleil brûlait tout, eh bien, il ressèmerait!

Sur le large parapet de pierre qui ceinturait la couche de terre, il avait disposé deux ruches. Les essaims s'abritaient dans des troncs de châtaigniers creux et une énorme dalle leur servait de toit.

Firmin aimait les abeilles mais détestait le miel. Aussi laissait-il les rayons gluants à l'intérieur des ruches et trouvait que c'était très bien comme ça. Il n'avait même jamais pensé à vendre le miel, non, les abeilles étaient là parce qu'il les aimait.

Il redescendit par le pan incliné qui desservait le deuxième tronçon, siffla son âne somnolant et l'attela au traîneau.

— Allez, mon vieux, au boulot, dit-il tout haut.

En effet, et bien que sa vie ait totalement changé depuis six mois, Firmin avait gardé l'habitude de parler seul. Il pensait souvent que c'était un peu bête, mais comme ça ne dérangeait personne il poursuivait ses dialogues à une voix.

Depuis l'installation d'Edmond, il avait pourtant l'occasion de parler, de discuter, de rire. Malgré la réprobation quasi générale des habitants des Landes, les deux cousins échangeaient souvent des invitations à déjeuner ou à dîner. Firmin connaissait maintenant la vie du bourg. Il pouvait surtout s'adresser à un ami qui savait l'écouter et essayait au moins de le comprendre. Sa vie, trop solitaire, trop renfermée, en avait été bouleversée. C'est en discutant à tout rompre qu'il avait brisé le mur de silence dans lequel les autres l'avaient emprisonné. Pour ceux-là, rien n'avait changé ; l'indifférence à l'égard de Firmin était toujours de rigueur. Mais désormais, cela ne le gênait plus. Certes, il regrettait cet état de choses, mais sans la moindre amertume.

Edmond était là, ça lui suffisait.

— Allez, avance vieux, dit-il à son âne, et puis miladiou ! arrête un peu de bouffer mes arbres quand tu passes à côté, eh ! tu entends, bourrique ! Je les ai pas plantés pour toi, mais avance donc vingtdiou !

— Arrête un peu de jurer, Firmin ! dit une voix dans son dos.

— Té, tu es là, curé, et qu'est-ce qui t'amène ? Oh ! pute de bourrique, voilà qu'elle me bouffe ce pommier, fous le camp ! ordonna-t-il à la bête. Et l'âne, docile, partit se mettre à l'ombre.

— Et alors, demanda Firmin en entraînant son cousin vers la muraille, quoi de neuf ?

— Pas grand-chose, je prends un peu l'air, dit Edmond en s'asseyant. Tiens, tu vois, je viens de chez ce pauvre père Armand, eh bien, il ne passera pas la nuit.

— Il n'est pas tout jeune, commenta Firmin en tendant sa blague à tabac.

— Tu penses, il va sur ses soixante-quinze !

— Pas plus ? Oh ! remarque, c'est pas le boulot qui l'a tué, c'est plutôt le vin de messe !

— Allons, dit Edmond, laisse ce pauvre vieux mourir en paix, après tout c'était un excellent sacristain et il m'a très bien accueilli.

— Il était marrant, dit Firmin, il avait pas un poil sur le caillou mais il avait de la barbe presque jusqu'au front et dure, t'as pas idée. Des poils partout, qui poussaient drus. Un jour je lui ai dit de se coller de la barbe sur la tête et de l'arroser à l'eau bénite pour la faire pousser mais, tsss tsss, je crois pas qu'il ait essayé. Enfin, peut-être qu'il l'a fait mais alors y a pas eu de miracle !

— Écoute, sois un peu sérieux, j'ai besoin de toi, dit Edmond en souriant.

— Oui, pour quoi faire ?

— Pour le remplacer...

Firmin bondit comme si une des abeilles qui bourdonnaient au-dessus d'eux venait de se glisser dans son cou. Il regarda Edmond avec stupeur, puis de cette voix persuasive et douce que l'on réserve aux malades :

— Ça va pas bien, dis ?

— Si, si, ça va.

— Non ça ne va pas, ou alors j'ai mal compris !

— Tu as très bien compris, assura Edmond, et tu me rendras service en acceptant.

— Mais... mais tu es fou ! Tu me vois en marguillier ? Tu me vois, moi, le fada, en train de faire la quête et de sonner la messe ? C'est pas possible.

— Tu as peur qu'on se moque de toi ?

— Oh dis, j'en ai vu d'autres ! Non, non, c'est pas pour ça, mais je peux pas.

— Tu l'avais pourtant promis..., rappela Edmond.

— Hein, quoi ? Moi j'ai rien promis à personne !

— Si, si, tu m'as dit : ma parole, curé, si on s'en sort je me fais sacristain !

Firmin resta silencieux puis se souvint.

— Ah ! oui, vingtdiou, et la mitrailleuse pétait tout autour...

— C'est ça.

— Oh ! oui, mais là ça comptait pas, c'était manière de parler ! Non, je peux pas.

Edmond tenait beaucoup à ce que son cousin

dise oui. C'était, pensait-il, le meilleur moyen de le réintégrer dans la vie du bourg.

Edmond savait très bien que, quoi qu'il fasse, Firmin resterait inaccessible et lointain. Il n'était pas question de l'apprivoiser en le flattant. Du moins fallait-il tout tenter pour éviter le pire.

La quarantaine, en se prolongeant, viendrait à bout des nerfs. Lui, le curé, prenait le risque de s'attirer beaucoup d'ennuis si Firmin acceptait son offre. Il entendait d'ici les sarcasmes des hommes et les calomnies des femmes. Le maire serait tenu d'arbitrer les débats ; il faudrait alors choisir. Mais sa décision était prise.

— Alors, c'est non ? répéta-t-il.

— C'est non, dit Firmin. D'abord, j'y crois pas beaucoup à toutes tes messes, oh ! je suis pas contre, non, mais j'y crois pas trop, enfin pas plus que ça ! Et puis, bah ! après tout je peux bien te le dire, tu sais, hein, je vais quelquefois en ville, enfin tu me comprends, je suis pas curé moi et... Oh ! et puis non, quoi ! ça peut pas se faire !

— Je ne te demande pas de te confesser, bien que si le cœur t'en dit... Je te demande de dire oui ou non.

— Mais je ne vais même pas à l'église !

— Justement, ça te donnera des occasions ! De toute façon tranquillise-toi, ce n'est pas toi qui diras la messe à ma place ! Non, je te demande juste de venir m'aider, tu tiendras l'église propre, tu feras la quête, tu sonneras les cloches et c'est tout.

— C'est tout ! t'en as de bonnes toi. Non mais dis, tu vois la tête de tes bigotes ?

— Et alors ? tu sais, moi, les bigotes, comme tu dis...

— Tout le monde va gueuler !

— Ça leur passera, je suis bien libre de prendre le sacristain qui me plaît, après tout je n'ai de comptes à rendre à personne.

— Ouais, mais si ton évêque l'apprend tu vas voir comment il va te bénir !

— Allons donc ! il comprendra très bien.

— Et puis j'ai du travail, continua Firmin, le matin, j'ai mon fumier à ramasser et puis...

— Je sais, coupa Edmond, mais ça ne te prendra pas beaucoup de temps. Alors c'est d'accord, je compte sur toi ?

— T'as vraiment besoin de moi ?

— Je me tue à te dire que oui !

— Bon, d'accord, tu le prends sur toi. Mais écoute, je te préviens tout de suite, j'aime pas les sermons, alors tu t'étonneras pas si pendant que tu causes, moi je m'occupe ailleurs !

— D'accord, dit Edmond en se levant, et puis viens donc dîner ce soir, on arrosera ça.

— J'amènerai mon vin, prévint Firmin, j'ai l'impression que le tien est plein de bromure !

Le père Armand décéda dans la nuit et Firmin

devint sacristain. Il s'ingénia à remplir sa fonction du mieux qu'il put et apporta dans ce nouveau travail les mêmes soins et la même conscience que dans la moindre de ses tâches.

Il arrivait le matin vers six heures et demie. Auparavant, si la saison le permettait, il avait eu le temps de faire le tour du bourg pour ramasser ses bouses. Laissant son âne contre le mur de l'église, il ouvrait les portes, passait l'inspection, changeait l'eau des fleurs et préparait l'autel comme Edmond le lui avait enseigné.

Son cousin arrivait à sept heures moins dix et Firmin se retirait au fond de l'église, à côté des cordes des cloches. Il sonnait l'Angélus qu'Edmond récitait, puis, pendant que ce dernier se préparait à dire la messe, il sortait sur le parvis pour guetter l'arrivée de l'enfant de chœur.

L'office commençait à sept heures et Firmin assistait à son déroulement avec le sérieux d'un procureur écoutant la lecture du Code.

Il revenait pour l'Angélus du soir, ensuite, avec l'aide d'Edmond, il rangeait, balayait et s'en allait lorsque tout était propre.

Comme Edmond l'avait prévu, la promotion de Firmin fit grand bruit. Les hommes, dont la plupart ne mettaient jamais les pieds à l'église, discutèrent longuement de la conduite à tenir. On parla d'aller pisser dans le bénitier, on proposa d'enlever le battant des cloches, on songea aussi à couper les cordes mais, chose curieuse, personne n'osa broncher car tous, même les plus forts en gueule, redoutaient la réaction du nouveau sacristain.

Les femmes s'effarouchèrent. Certaines parlèrent d'écrire à l'évêque. Toutes prirent un air pincé et désapprobateur et il y en eut même qui firent en semaine la grève de la messe. Les plus outragées restèrent plus d'un mois sans aller à confesse... Comme ni Edmond ni Firmin ne prêtèrent attention à leur attitude, elles s'habituèrent, en rechignant, à voir le fada s'occuper de l'église.

C'est avec les enfants que Firmin eut besoin d'intervenir. Il s'aperçut un jour que quelques garnements, lorsqu'ils servaient la messe, faisaient des singeries dans le dos du curé. Il intervint en plein office. Ce n'était pas un dimanche, mais les quelques femmes qui étaient là crurent défaillir et perdirent le compte de leurs *ave* lorsque le dialogue suivant se déroula.

Edmond, penché sur l'autel, achevait la récitation du *Confiteor.*

Derrière lui les deux gamins lui faisaient les cornes et pouffaient.

— *...Dominum Deum nostrum,* dit Edmond.

— Je vais vous caresser les oreilles, moi ! lança Firmin du fond de l'église, et il enchaîna aussitôt la réponse en latin.

Il en ignorait la signification mais en connaissait les principales consonances.

— Amen, dit Edmond. (Il se retourna, foudroya les enfants du regard.) Merci, dit-il en regardant Firmin, puis il continua la messe dans un silence total.

A compter de ce jour, les enfants se tinrent cois non seulement à l'église, mais encore dans le village et ils rasaient les murs ou s'esquivaient dès qu'ils apercevaient le sacristain.

Pendant quelques dimanches, Firmin écouta les sermons. Ce n'était pas pour en tirer profit, simplement pour en évaluer la durée.

— Écoute, dit-il enfin à Edmond un samedi soir, tes sermons, moi ça m'énerve, c'est vrai, tu dis toujours la même chose : Mes frères ! et blablabla et blablabla et faites ceci et faites cela et le reste, amen !

— Tu n'as qu'à dormir pendant que je parle, proposa Edmond, mais tâche de ne pas ronfler !

— Non, je dormirai pas, j'irai au travail.

Et le lendemain matin, pendant la grand-messe, il disparut au moment où son cousin monta en chaire. Les hommes du village, assis devant le bistrot, le virent installer sa chaise et sortir son rasoir.

Dorénavant, pendant les prônes, Firmin coupa les cheveux.

VIII

Quand Firmin posa la dernière pierre du deuxième tronçon de sa muraille il avait déjà quarante-deux ans. En douze années de travail, il avait dressé un mur d'une quarantaine de mètres, extrait des tonnes et des tonnes de cailloux, planté et entretenu un verger et une vigne maintenant opulents. De larges bandes de terre s'ouvraient dans la pierraille. Des allées, recouvertes de dalles plates, serpentaient entre les arbres aux troncs enfin dégagés. Mais Firmin n'était pas encore satisfait. Son œuvre n'avançait pas assez vite et s'il était heureux des résultats acquis, il doutait de pouvoir en finir un jour avec les pierres. Quoique en pleine force de l'âge, il se sentait vieillir. Autour de lui, des hommes et des femmes, qu'il n'avait jamais tenus pour vieux, déclinaient puis mouraient. Des jeunes, qu'il avait vus naître, s'installaient à leur place dans la vie du bourg.

Sa tante Berthe, la mère d'Edmond, était déjà

morte depuis plusieurs années et Firmin avait sonné le glas. Il avait d'ailleurs fallu cet événement pour qu'il revoie Léonie. D'abord, il ne l'avait pas reconnue, l'âge et les maternités l'avaient épaissie et sa vie trop facile d'épouse de gros propriétaire avait aveuli ses traits. Firmin savait depuis longtemps que sa cousine trouvait dans les bras de son garçon de ferme les satisfactions que son époux lui donnait mal, ou avec parcimonie. Les mauvaises langues prétendaient que le dernier fils de Léonie ressemblait au domestique, mais c'était peu net et Firmin estimait pour sa part que le moutard avait les traits chafouins et souffreteux du vieux mari de sa cousine. Tout cela l'intéressait peu. Il avait, depuis belle lurette, tiré un trait définitif sur Léonie et s'il lui arrivait encore d'avoir envie d'une femme, ce n'était jamais à elle qu'il pensait.

Sa propre réputation se transformait lentement. Il passait toujours pour un fou, mais on mettait dans cette épithète moins de rigueur qu'autrefois. Il était fada, oui, mais on en venait à se dire qu'il était plus original que dément. Oh ! on ne lui parlait guère plus pour autant, mais comme il distribuait toujours les fruits de son bois, on estimait quand même normal de lui dire merci. Parfois un merci entraînait un bout de dialogue, cela n'allait jamais très loin car l'incompréhension se dressait vite entre lui et son interlocuteur. Son amitié avec Edmond était toujours aussi insolite. Ils s'aimaient bien, se comprenaient de mieux en mieux, mais les jurons de l'un tranchaient sur la sérénité de l'autre.

Firmin avait ce côté goguenard qu'une vie de célibataire insouciant lui permettait de conserver.

Edmond, lui, tendait plus que jamais vers le calme et le sérieux d'un homme qui mesure l'étendue de son rôle et de ses difficultés.

Les deux cousins avaient gardé l'habitude de prendre très souvent leurs repas en commun, c'était l'occasion de se houspiller.

— Tu seras donc toujours aussi paillard ! constatait Edmond qui priait pour qu'il n'en fût rien.

— Et toi, toujours un cul bénit ! rétorquait Firmin qui n'en pensait pas un mot.

— Tu jures comme un dément ! reprochait Edmond.

— Et toi tu prêches comme un âne, assurait l'autre, d'ailleurs, je ne jure pas à moins de cent mètres de l'église, alors de quoi tu te plains ?

— Je ne me plains pas, je pense simplement que le ciel m'a donné un curieux sacristain qui fait juste ses Pâques pour me faire plaisir !

— Fallait pas venir me chercher ! Et si je fais mes Pâques c'est pas pour te faire plaisir, c'est juste pour pas te faire honte devant tes chèvres de femmes !

Firmin s'attaqua au troisième tronçon avec la crainte de ne pouvoir réaliser son plan.

Il faillit même tout abandonner en découvrant un jour un fait incroyable. Sa terre, son bois des Roches, ne recelait plus les blocs nécessaires aux fondations ! C'était invraisemblable mais bien réel et il dut se rendre à l'évidence. Il restait des milliers de mètres cubes de pierres moyennes et petites ; mais les grosses, celles de la base, allaient lui faire défaut.

— Vingtdiou de miladiou, j'avais pas pensé à ça, grogna Firmin en se grattant le crâne.

Il se sentait un peu dans la peau d'un naufragé mourant de soif au milieu de l'océan. Pour lui, c'était presque pareil, il avait des pierres à ne savoir qu'en faire, il en était cerné de toutes parts et malgré cela, il lui en manquait.

— C'est une histoire de fou ! constata-t-il, pourtant, moi je veux des grosses pierres à la base, si je fous ces petites garces qui me restent, ma muraille se cassera la gueule !

Il était hors de question de changer quoi que ce soit dans le volume et la hauteur du mur, il n'était pas pensable, par exemple, de le faire moins haut et moins large.

— Hé non, c'est pas faisable, de quoi ça aurait l'air ?

Firmin tourna le problème et, ce faisant, redescendit très bas dans l'estime générale.

Il alla trouver le maire et lui expliqua son cas. L'autre, brave homme d'une cinquantaine d'années, écouta tout d'abord avec patience les propos de son visiteur, mais son front se rida très vite et c'est avec peine qu'il résuma la situation.

— Bien, bon... alors si je t'ai bien compris, tu manques de pierres ? Ta pièce des Roches n'en a plus, alors ?

— Si, elle en a, mais pas celles qu'il me faut !

— Ah, ah ? oui, alors tu veux en prendre ailleurs ? continua le maire d'une voix compatissante.

— C'est ça, et comme le bois communal est pas trop loin de ma pièce, tu vas me donner l'autorisation d'aller y prendre les cailloux qui me manquent.

— Oui, oui, oui, je vois, je vois..., soupira le maire. Bon, décida-t-il très vite, d'accord, prends toutes les pierres que tu veux, sers-toi, et n'en parlons plus... Allez mon vieux, à bientôt, hein ! au revoir !

— Merci, dit Firmin en sortant.

Il savait maintenant que sa démarche serait connue de tous, que sa demande extravagante le ferait passer pour un incurable.

— Bah, maugréa-t-il, ça ne changera pas grand-chose, y a déjà longtemps qu'ils disent que je suis fou, et puis merde, hein, j'ai besoin de pierres, moi !

Il commença dès le lendemain et partit vers le bois communal avec son âne. Là, les énormes blocs ne manquaient pas et il put se permettre de choisir les plus beaux, les plus réguliers. Il en chargea deux sur le traîneau et siffla son âne qui, malin, coupa à travers bois et marcha en ligne droite vers la pièce des Roches.

— J'ai l'impression que tu aurais pu te dispenser de cette nouvelle fantaisie ! lui reprocha amicalement Edmond le soir même.

Ils venaient l'un et l'autre de l'église et, comme ce crépuscule d'automne semblait vouloir s'éterniser, ils s'étaient arrêtés devant le jardin du presbytère.

— Tu ne ramasses pas tes raisins ? demanda Firmin en regardant la treille où quelques oiseaux s'activaient.

— T'occupe pas de ma vigne, j'y pense ! coupa Edmond, ce n'est pas d'elle que je te parlais.

— Je sais..., dit Firmin en roulant une cigarette.

— Non, sérieusement, insista le prêtre, je finirai par croire que tu fais exprès d'inventer des incongruités.

— Tu deviens grossier, maintenant ? s'étonna Firmin, répète voir ton dernier mot, un con quoi ?

— Incongruités ! énonça Edmond, des sottises, qu[illegible]

— C'est pas des sottises, j'avais plus de pierres, expliqua Firmin en allumant sa cigarette.

Il en tira quelques bouffées puis regarda son ami.

— Écoute, reprit-il, dis-moi tout de suite si toi

aussi tu penses que je suis fêlé, dis-le-moi et n'en parlons plus !

— Mais non ! je voudrais simplement te faire comprendre que tu fais tout pour que les autres le pensent ! Depuis quelques années ils s'étaient un peu habitués, et puis il faut dire ce qui est, ton verger est très beau, tu dégages bien ta terre, bref, ton idée leur semblait moins stupide, et puis voilà que tu recommences ! Tu vas chercher des pierres au diable vauvert alors que ta terre en est encore pleine, enfin, non, ça ne va pas !

— Je vais croire que tu es aussi bête que les autres, dit Firmin en s'accoudant sur le petit mur, je vais croire que t'as pas plus compris qu'eux ! Voilà, curé, pour moi ce qui compte, c'est ma muraille, le reste, c'est en plus. Les arbres sont beaux, c'est bien, la vigne donne et je trouve la terre, c'est très bien, mais si j'en viens à plus pouvoir bâtir ma muraille, qu'est-ce que tu veux que tout le reste me fasse ? Le reste, je sais pas comment te dire, moi, c'est un peu comme le vin que tu mets dans la soupe pour faire chabrol. Écoute, si t'aimes vraiment la soupe, tu rajoutes du vin parce que c'est encore meilleur ? Mais si t'as pas de vin, ça t'empêche quand même pas d'aimer ta soupe ? Si t'as juste du vin et que t'aies pas de soupe, t'es privé de soupe et si tu l'aimes, tu te fous d'avoir du vin ! T'as rien compris, je parie ?

— Si, moi je te comprends, mais les autres ?

— Les autres ? Je m'en fous !

— C'est pas une solution !

— Tant pis, c'est la mienne et je m'arrêterai pas pour leur faire plaisir !

— Et si encore ta muraille servait à quelque chose ! soupira Edmond, mais non, même pas ! Elle est belle, splendide, bien bâtie et elle ne sert à rien ! Comment veux-tu que les autres t'approuvent !

— Elle sert à être belle, dit Firmin, les fleurs aussi servent à faire beau et elles, on leur fout la paix ! Les papillons aussi ils sont là pour faire joli et personne ne les engueule ! Mais pour ma muraille, bien sûr, on veut bien dire qu'elle est belle mais on ne veut pas comprendre que ça me suffise !

— Si, dit Edmond, moi je te comprends.

Et le dimanche suivant, lorsqu'il monta en chaire, il invita les fidèles à remercier Dieu pour toutes les belles choses mises par lui à la disposition des hommes. Il parla des fleurs et des papillons qui ne servaient peut-être pas à grand-chose, si ce n'est à réjouir le regard des hommes et que Dieu, dans sa grande bonté, avait créés pour cet usage.

Personne ne saisit rien. La mère Migoule se rappela soudain qu'elle n'avait pas rentré ses dahlias et que le gel risquait de les surprendre. Quelques autres femmes pensèrent qu'il était effectivement temps de mettre les jacinthes sur un bocal d'eau. Quant à Mlle Jeanne, enfant de Marie depuis soixante-huit ans, elle crut que le curé la remerciait indirectement d'avoir apporté les roses qui ornaient l'autel et baissa les yeux en rougissant.

Firmin, lui, n'entendit rien. Il était sur la place et coupait les cheveux.

Firmin transporta des pierres pendant un an. Il amena péniblement tous les blocs du soubassement et lorsqu'il posa le dernier, il avait derrière lui soixante mètres de dallage. La muraille avait enfin son pied définitif. Un pied solide, inébranlable, capable de supporter toute la charge de cailloux qu'il fallait asseoir là.

Entre le bois communal et le bois des Roches, le traîneau avait tracé un véritable chemin et c'est là que l'âne avait perdu ses forces. La bête prenait de l'âge, elle s'arrêtait souvent pour souffler et déjà des rhumatismes déformaient ses pattes fines.

— Ah ! pauvre, tu fais comme moi, tu entasses des années ! disait Firmin.

Comme il aimait son compagnon, il acheta un bel ânon qu'il habitua au travail en l'attelant avec le vieux. Quelques mois plus tard, lorsque le jeune fut bien dressé, on put voir le vieil âne, maintenant libre, marcher inlassablement pour se distraire à côté de Firmin.

La bête n'avait plus rien à faire, mais il ne vint jamais à son maître l'idée qu'il la nourrissait pour rien. L'âne avait droit à sa retraite, il la prenait, c'était bien.

Firmin reprit avec acharnement l'édification du troisième tronçon.

Il travailla comme un forçat pour essayer d'étouffer le doute qui le rongeait. Il doutait, oui, car il comprenait que le temps menaçait son œuvre. Oh ! il ne pensait pas à l'écroulement futur de sa muraille, celle-ci était bâtie pour des dizaines d'années, il constatait simplement que les jours coulaient, qu'il avait déjà quarante-trois ans et qu'il fallait encore édifier cinquante-cinq mètres de muraille pour ceinturer un seul côté du bois. Quand il aurait fait cent mètres, il resterait encore, pour que tout soit parfait, quatre-vingt-cinq mètres à faire. C'était trop, trop grand, trop long et il était seul. Il savait déjà qu'il serait presque satisfait s'il pouvait au moins finir les cent premiers mètres. Cent mètres de long, trois de haut, quatre de large, ce serait déjà une bien belle clôture ! Mais il en restait plus de la moitié à faire...

Lui qui n'avait jamais calculé se surprit à additionner les années écoulées.

— Voyons, j'ai commencé en fin 18, on est en 31, alors ça fait, voyons... Et il comptait sur ses doigts, 19, 20, 21. Oui, ça fait la treizième année que je suis là... Treize ans, non, j'ai passé presque un an pour les arbres et un an pour amener les dalles, alors onze ans pour faire quarante-cinq mètres... Dame, les soubassements sont faits pour le reste, mais quand même..., faut bien que je compte... Oh ! et puis merde !

Il ne voulait pas additionner, il ne voulait pas rajouter les douze ou quatorze ans qui seraient nécessaires pour atteindre le bout. Il savait quand même qu'il aurait au moins cinquante-cinq ans quand les cent premiers mètres seraient dressés.

— Cinquante-cinq ans..., c'est pas bien vieux non, mais on a quand même moins de force... Bien sûr, je peux faire comme la tante Berthe et finir à quatre-vingt-neuf ans, mais alors à quoi je serai bon ? A quoi ça me servira si je peux pas soulever un caillou de deux livres ! Non, c'est maintenant qu'il faut tout faire. Faut pas bricoler, je me sors pas de là avant les cent premiers mètres, et puis j'attaque le reste.

Et la muraille s'éleva, belle, majestueuse. Elle s'étira peu à peu comme un long reptile blanc. Derrière sa tête monstrueuse, couverte d'un jardin fleuri, elle déroula son corps en une courbe douce qui épousa la forme du champ. La vigne s'accrocha dans ses écailles de pierres et les arbres fruitiers, taillés en espaliers, s'appuyèrent sur son flanc.

Firmin s'épuisa à l'ouvrage mais refusa toujours de le bâcler. Il aurait pu gagner du temps en se contentant par exemple de vider les pierres en vrac entre les parois et de les tasser ensuite tant bien que mal. Mais il n'y pensa même pas car pour lui chaque pierre avait son importance, chacune avait sa place.

Plus que jamais, il se préserva de l'extérieur. Il s'isola dans son univers de pierre et, s'il n'oublia pas que les hommes vivaient autour de lui, il se désintéressa de leur mode de vie. Il faisait parfois des découvertes qui le remplissaient d'étonnement. Un jour, il se rendait compte que les voitures n'avaient plus la même forme que jadis. Une autre fois, c'était un aéroplane aperçu dans le ciel qui le laissait béat. Lorsqu'il se renseignait auprès d'Edmond, celui-ci hochait la tête et lui expliquait en soupirant que l'auto qu'il trouvait moderne était déjà un vieux modèle et que l'avion aperçu était un clou de dix ans d'âge.

— C'est marrant, disait Firmin, je m'étais pas rendu compte !

— Je sais, acquiesçait Edmond avec reproche, tu ne te rends plus compte de rien, tu ne vis que pour ton mur, méfie-toi, c'est comme ça qu'on devient gâteux.

— Tu crois ?

— Mais oui. C'est vrai, tu ne lis même pas le journal, tu vis sur une autre planète, quelquefois tu atterris et tu découvres alors des vieilles choses déjà périmées. Tu as toujours quelques années de retard !

— Je fais pas exprès...

— Non, mais ça revient au même !

Et Firmin, un peu confus malgré tout, se taisait.

Il ne s'intéressa à l'actualité qu'en 1936, lorsque Edmond acheta un poste de T.S.F. Ce fut pour lui une révélation. Il vint désormais tous les soirs au presbytère. Il arrivait, s'installait au coin du feu et écoutait sans mot dire les informations. Comme Edmond lui réapprit toute l'histoire contemporaine, il redescendit un peu sur notre monde. Il ne sut pas qu'Edmond avait employé tout son faible pécule pour acheter le poste de radio. Il ne devina jamais que le poste n'était là qu'à cause de lui et qu'Edmond, pour faire des économies, ne l'allumait qu'en sa présence. Edmond était pauvre par vocation, mais ne le montrait pas.

De 1931 à 1936, la muraille passa de quarante-cinq à soixante-dix mètres. Firmin s'estima heureux de cette cadence qui dépassait ses espoirs et s'offrit le luxe de construire une troisième niche.

La première était grossière, la seconde merveilleusement bâtie, il voulut que la troisième fût raffinée. Il la conçut plus grande, plus majestueuse et s'il passa beaucoup de temps à choisir et à tailler ses pierres, le résultat final le paya largement de sa peine.

Pourtant, deux de ces trois pièces ne servaient strictement à rien. C'était, au sein de l'inutile muraille, le summum de l'inutilité. Mais Firmin n'en avait cure et comme toujours, s'il s'attaqua à une troisième niche, ce fut pour la seule satisfaction de la bâtir.

Il éprouvait une réelle jouissance en s'installant dès le matin devant un tas de pierres brutes, grossières, biscornues et difformes, qu'il allait, grâce à son ciseau et à sa masse, transformer en quartiers réguliers dont les parois prendraient la forme qu'il lui plairait de leur donner.

Il était d'une grande patience avec les pierres. Il ne les taillait pas en force, ne les rudoyait pas, mais les traitait avec une douceur amicale. Il observait d'abord sans pitié le bloc qu'il voulait recréer. Il traquait la fissure ou la veine plus tendre qui risquait de le trahir après quelques coups de ciseau ou, fait plus grave, lorsque la pierre serait en place. Certaines failles n'étaient pas visibles et se dissimulaient traîtreusement dans le corps du caillou. Seul le son pouvait les déceler et les deux ou trois coups de masse apparemment inutiles qui précédaient la taille permettaient de bien connaître le sujet.

Alors le travail commençait. Les éclats s'envolaient sous l'outil, minuscules, acérés et brillants comme des diamants. L'acier creusait, aplanissait, sculptait, donnait à chaque bloc sa personnalité.

Firmin, estimant que la voûte de la deuxième chambre était très belle mais qu'on pouvait faire mieux, se lança dans l'édification d'un chef-d'œuvre dont il ignorait le nom. Il fut, sans même s'en rendre compte, d'une audace folle qui frisait la provocation.

Son premier plafond était en berceau, il fit le second en coupole. Il engendra dans le ventre de sa muraille une minuscule cathédrale. Une cathédrale insensée et sans usage ou plutôt dont l'usage était sans proportion avec la beauté. En effet, les piquets de vigne qu'il y entreposa plus tard auraient tout aussi bien séché à l'abri de quelques tôles ! Mais lorsqu'il la bâtit, il dédaigna sa destination. Il n'avait pas besoin d'une nouvelle pièce, il ne la créa point, elle se fit toute seule sous la coupole qu'il modela. Lorsque tout fut fini, il regarda son ouvrage, l'inspecta d'un œil critique et, fier mais non orgueilleux, le trouva très beau.

— Tu aurais dû te faire maçon, assura Edmond lorsqu'il découvrit le travail.

— Penses-tu, dit Firmin avec un haussement d'épaules. Non, vois-tu, ça m'aurait bien plu et en même temps ça m'aurait déplu.

— Pourquoi donc ?

— Ben, je sais pas trop, mais je crois que je pourrais rien faire de bon si j'étais obligé de suivre un modèle ou un plan, ça ne me plairait pas. Oh ! je travaillerais bien pour les autres s'il fallait, mais alors je voudrais pouvoir faire ce que j'ai envie de faire et surtout qu'on me foute la paix dans mon boulot !

— Je comprends, dit Edmond en riant, on te demanderait une maison et toi tu bâtirais un château !

— Et alors, ça serait pas plus mal, de toute façon mon prix serait le même !

IX

— Alors ? s'enquit Firmin en entrant ce soir-là au presbytère.

— Ça va mal, ça n'a jamais été aussi mal..., dit Edmond penché sur le poste de radio.

Si jadis il ne l'écoutait pas lorsqu'il était seul, ce temps-là était bien révolu. Maintenant, il aurait passé ses journées à capter les communiqués qui, tout en se voulant optimistes, étaient loin d'être réconfortants pour peu qu'on sache lire une carte.

— Mais, vingtdiou, qu'est-ce qu'ils foutent ? Ils peuvent pas leur rentrer dans la gueule, non !

— Jure pas ! dit Edmond machinalement. Regarde, dit-il en montrant une carte de France étalée sur la table, tu vois ils bloquent tout ça aujourd'hui...

Et il traça avec son doigt un trait qui partait de Mézières pour aboutir à Dunkerque.

— Eh bé, putain d'Adèle, souffla Firmin, il me semble qu'on aurait pu les arrêter avant ! Oh ! et puis non, tiens, ça m'étonne pas... Souviens-toi, je te l'ai dit quand j'ai vu réquisitionner les chevaux. Qu'est-ce qu'ils veulent bien foutre avec des chevaux ! Miladiou ! on croirait qu'ils se souviennent pas comment la dernière a fini ! Des chevaux ! déjà qu'en 17 on savait plus quoi en foutre, non mais c'est vrai, tu t'en rappelles comme moi, ils servaient plus à rien, sauf pour les saucissons !

— C'est vrai, oui.

— N'empêche, c'était bien la peine qu'on se fasse suer pendant plus de quatre ans pour en arriver là ! Ah ! ils sont malins, tous. Tiens, tu vois, c'est encore le pauvre père Laroche qui avait raison ! Si on les avait tous castrés quand on pouvait on n'en serait pas là !

Depuis plusieurs mois déjà Firmin remâchait sa colère. C'est avec inquiétude qu'Edmond et lui avaient assisté à la mobilisation. Eux, les anciens, que leur âge laissait à l'écart de l'armée, se souvenaient trop de la mobilisation précédente. Elle aussi avait commencé en chantant, à celle-là aussi on parlait d'entrer à Berlin dans la quinzaine et puis il y avait eu la retraite et puis tout le reste... Alors, quand ils avaient vu partir les hommes jeunes, quand la guerre était devenue soi-disant drôle, Firmin et Edmond, comme deux vieux briscards qu'ils étaient, avaient froncé les narines. Ça ne leur paraissait guère prudent. On disait pourtant, au gouvernement, que c'était une tactique savante, qu'on allait se ressaisir, qu'on laissait entrer l'ennemi pour mieux l'écraser ensuite. En attendant, les villes tombaient et les « autres » avançaient tellement vite qu'on ne voyait pas qui pourrait bien leur faire un croc-en-jambe...

— Ma parole, grogna Firmin, tous ceux qui nous gouvernent sont gâteux ! Ils sont fous, tout le monde est fou ! Et pourtant, si Clemenceau ou Joffre étaient là, ah ! vingtdiou, sûr qu'on leur mettrait la trempe !

— Pétain est bien là et il a fait Verdun...

— Ben oui, reconnut Firmin, il est là et il fait pas de miracle... Oh, il va sans doute se reprendre, il en a vu d'autres !

Et secrètement, ces deux anciens de 14 attendaient le retournement qui ne pouvait manquer de se produire. Ils attendaient, encore confiants, que le brillant général d'autrefois récidive et écrase l'ennemi. Il allait faire quelque chose, c'était certain.

Dunkerque tomba, les « autres » franchirent la Marne puis, comme nul ne s'y opposa sérieusement, ils s'installèrent à Paris.

Firmin pâlit et serra les mâchoires lorsque, le 17 juin, Edmond et lui, tassés autour du poste, comprirent qu'il n'y aurait pas de miracle et qu'il fallait déposer les armes. Pour eux, qui sentaient encore entre leurs mains l'empreinte du Lebel, ce fut plus qu'une désillusion, un coup au cœur.

Firmin sortit en claquant la porte et pendant plus d'un mois, il se sentit incapable de se remettre à sa muraille. Il bricola, erra dans son bois des Roches, arpenta les quatre-vingt-dix mètres de son mur, mais n'eut pas le courage de reprendre le travail pour bâtir les dix derniers mètres.

Firmin dut se forcer pour continuer. Le cœur n'y étant plus, le rendement diminua. Il était étonné de sa propre réaction et cherchait à se raisonner mais, quoi qu'il fasse, il ne pouvait se libérer du sentiment de vexation qu'il ressentait depuis le 17 juin 1940.

Il n'avait pourtant jamais été plus patriote qu'un autre. La politique et la gestion du pays ne l'intéressaient pas, et il avouait ne rien comprendre aux micmacs des politiciens. Mais il se sentit tellement dépité par cette honteuse défaite qu'il devint, par réaction, l'ennemi farouche de tous ceux qui, de près ou de loin, acceptaient ou favorisaient l'abandon. Trop franc pour dissimuler ses idées, il fit plusieurs scandales publics qu'on lui pardonna à cause de sa folie.

Par exemple, il en déclencha un sur la place du bourg en apercevant à travers les vitres du bistrot un gigantesque portrait du Maréchal.

— Ah ben ! miladiou, s'exclama-t-il en croisant les bras, ça c'est mieux ! Hé, lança-t-il en s'adressant au patron, c'est quoi ça ? Une nouvelle réclame pour ta piquette ? T'as pas honte, non, de faire voir ça à tout le monde ?

— De quoi ? grondèrent en chœur une équipe

d'anciens combattants qui vénéraient le vieux maréchal. Dis donc fada de Firmin, hurla l'un d'eux, tu tâcheras d'être poli devant le chef de l'État !

— Ta gueule, hé ! morpion, rétorqua Firmin qui savait que son interlocuteur n'était parti qu'en 18, quand j'aurai besoin de faire repasser mes molletières, je t'appellerai ! Ton chef de l'État ? Pouh ! je voudrais même pas le toucher avec ma pelle à fumier !

— Fumier toi-même, salaud, connard ! hurlèrent les autres en se resserrant autour de lui.

Il les vit menaçants et les toisa.

— De quoi ? dit-il, on voudrait peut-être m'apprendre à me battre ? Qui c'est qui est pas content, qui c'est qui commence ? Alors, Jules, tu viens la prendre ta déculottée ? Et toi, Jean, petit morveux, tu veux une calotte ?

Personne ne broncha car il était solide comme un chêne.

Il fallut l'intervention du maire pour séparer les antagonistes.

— Ça va, Firmin, va faire ton mur et fous-nous la paix. Allez, va, t'occupe pas de tout ça, tu comprends rien ! Faut l'excuser, dit-il, lorsque Firmin se fut éloigné, vous savez bien qu'il est fou !

— Ouais, acquiesça l'un des hommes, mais s'il continue comme ça il faudra l'enfermer !

— Alors, dit Edmond le soir même, il faut toujours que tu te fasses remarquer ?

— Ça te gêne ? s'étonna Firmin, tu crois quand même pas que je vais applaudir tous ces couillons ?

— Je ne te demande pas de les applaudir, je te demande d'être plus prudent !

— Prudent, prudent ! ma parole, curé, je vais croire que tu es de leur côté !

La France s'enlisa donc dans cet armistice que d'aucuns approuvaient mais que d'autres tenaient pour nul. Pour le bourg des Landes, perdu au fond du Lot, la vie ne changea guère. On était isolé et les Allemands, bien qu'ayant étendu leur occupation à toute la France, avaient dédaigné ce gros village caché par les bois. Aux Landes, tout comme ailleurs, des clans s'étaient formés ; celui des pétainistes triomphait sans pudeur, quant aux autres, les pro-Anglais, gaullistes ou sans opinion, ils se taisaient pour mieux mûrir leur revanche, ou pour éviter les histoires... Après avoir traîné pendant plusieurs mois, la muraille de Firmin avait repris sa croissance et il ne restait plus que quatre petits mètres pour que la première partie de l'enceinte soit finie.

Maintenant, lorsqu'il passait dans le village, Firmin ne disait rien. Il se contentait tout au plus, en guise de représailles, de ne plus enlever les bouses devant les maisons qui abritaient des vichystes déclarés. Certaines entrées de fermes redevinrent sales et tout le monde sut ce que cela signifiait.

— Eh bien, demanda le maire un matin, tu ne nettoies plus devant mon étable ?

— Va demander à ton Maréchal !

— Méfie-toi, si tu continues je te ferai mettre à l'asile !

Mais Firmin, avec dédain, cracha en direction de l'homme, siffla son âne et s'éloigna.

A partir de ce jour, le devant de porte de M. le maire fut l'un des plus répugnants de toute l'agglomération. Personne ne s'aperçut jamais que Firmin, chaque matin, y déposait délicatement quelques bouses récupérées devant les maisons amies...

— Tu sonneras l'Angélus à midi n'est-ce pas ? Il faut que je m'absente, demanda Edmond par un matin de l'été 1943.

— Écoute, curé, dit Firmin en souriant, je crois que tu me prends pour un gamin ! Qu'est-ce que c'est que ces histoires ! Depuis plus d'un an tu joues à cache-cache, qu'est-ce que tu crois, que j'ai les yeux dans ma poche ? Et ta radio anglaise que tu prends tous les soirs, faudrait pas oublier que je l'écoute avec toi... Ta ta ta tang, ta ta ta tang ! Ici Londres, les Français parlent aux Français... Allez, dis-le que t'as pas confiance en moi, dis-le que tu préfères me savoir à ma muraille !

— Non, non, dit Edmond, c'est pas ça, tu te trompes, j'ai confiance mais...

— Mais quoi ?

— Tu es trop nature, Firmin, trop franc, et puis tu es imprudent ! Oh ! ne nie pas, je t'ai vu l'autre matin, c'est toi qui as déchiré le discours de Pétain affiché devant la mairie... Et puis tu refuses maintenant de couper les cheveux des collabos, ah ! je te jure, tu n'en loupes pas une !

— Dis donc, j'ai bien le droit de couper les cheveux à qui je veux, non ! Quant à l'affiche et ben... elle faisait peur à mon âne !

— Ils en fusillent pour moins que ça, dit Edmond.

— Bon, ça va, coupa Firmin, fais tes affaires tout seul, de toute façon, je suis au courant...

— Ah, et de quoi ?

— De rien, j'ai jamais rien vu... sauf que tu t'en vas souvent et que la nuit y a des types qui traînent dans ton jardin... Tiens, j'en ai vu deux hier soir, tu leur diras qu'ils savent pas se cacher ! et puis tu leur diras aussi que le tabac anglais, ça se sent de loin... Bon, je m'en vais, d'accord pour l'Angélus.

Il sortit de l'église mais revint aussitôt.

— Dis donc, c'est obligé qu'il y ait que trois coups pour l'Angélus ?

— Oui, c'est trois coups, dit Edmond étonné.

— Dommage..., murmura Firmin rêveur, si je pouvais en sonner quatre ça irait mieux, mais il faudrait les deux cloches, je ferais ding ding ding avec la petite et dong avec la grosse, ding ding

ding dong ! ding ding ding dong ! comme au poste anglais quoi, ça serait marrant non ?

— Mais oui, soupira Edmond en levant les yeux au ciel, comme ça tout le pays saurait que j'ai un poste émetteur dans le clocher...

— Je sais, dit Firmin, je l'ai découvert en montant réparer la corde l'autre jour ! Mais t'en fais pas, je l'ai pas vu ! Enfin, pas plus que les types d'hier soir...

Peu de temps après cette scène, Firmin, qui sommeillait dans la première niche de sa muraille, eut sa sieste interrompue par des bruits de voix et des éclats de rire. Il sortit et se retrouva aussitôt entouré par cinq jeunes gens qui brandissaient fièrement des armes diverses.

— Ça ne va pas, non ? demanda Firmin, vous êtes cinglés ? Et d'abord, qui vous a permis d'entrer chez moi ?

— Doucement, grand-père, lança l'un des jeunes dont la tête s'ornait d'un curieux calot, on a besoin de ton mur !

— Tripote pas ton flingue comme ça, c'est pas un jouet ! conseilla Firmin et, pour ce qui est de mon mur, y faudra me parler autrement si tu veux qu'on s'entende !

— Tu sais qui on est ? Tu sais à qui tu parles ? demanda l'autre.

— A des maquis sans doute, dit Firmin sans s'émouvoir.

— Tout juste ! alors faut pas discuter, grand-père.

De prime abord, Firmin aurait volontiers rendu service à cette bande armée dont le plus âgé des membres n'avait même pas vingt et un ans. Il les aurait aidés avec plaisir, mais leur ton lui déplut.

— Je ne suis pas ton grand-père, morveux, et si j'avais un petit-fils, il serait plus poli que toi ! gronda Firmin.

— Ça va, ça va, trancha le jeune. Bon, dit-il en se tournant vers ses camarades, amenez-le là, ça ira au poil.

Firmin ébahi vit apparaître deux nouveaux jeunes qui poussaient devant eux un homme d'une quarantaine d'années. Le prisonnier, proprement garrotté, reniflait doucement pour essayer d'arrêter l'hémorragie de son nez tuméfié.

— Qu'est-ce que c'est que ça ? demanda Firmin.

— Un collabo.

— Qu'est-ce qu'il a fait ?

— Il a vendu quatre copains de la ville, alors ça suffit comme ça !

— Bien sûr, mais pourquoi vous l'amenez là ?

— Eh ! pardi, il faut bien que ton mur serve à quelque chose !

— C'est vous qui avez couché dans mes pièces cette nuit ? demanda Firmin en maîtrisant sa colère.

— Ouais, on a filé hier matin de la ville, on a

marché toute la journée, alors tu comprends, quand on a vu ton monument !

— Il était avec vous ? s'enquit Firmin en désignant l'individu.

— Non, lui, ces deux-là l'ont cueilli ce matin au saut du lit...

— Ah bon, soupira Firmin, ça m'aurait pas plu que ce type couche dans ma muraille.

— Il va pas y coucher, il va y mourir ! dit le chef du groupe d'une voix sereine.

— Quoi ?

— Oui, et si ça te gêne t'as qu'à partir pendant qu'on le descend, tu verras, on n'en a pas pour longtemps...

Firmin pâlit et sa respiration s'accéléra.

— Nom de Dieu ! explosa-t-il soudain, où vous vous croyez ? Vous êtes chez moi ici et j'ai pas bâti cette muraille pour que des petits galopins viennent me la saloper en y fusillant leurs prisonniers !

— Non mais, sans blague ! pépé, menaça l'autre, faut le dire si toi aussi t'es collabo, ça sera vite réglé, tu sais...

— Moi collabo ? hurla Firmin et dans la même seconde son poing partit, toucha le jeune en pleine face et l'envoya rouler dans une platebande.

« Vingtdiou ! pensa-t-il aussitôt, ses copains vont tirer ! »

Ils ne tirèrent pas et Dieu seul sait pourquoi. Sans doute furent-ils trop surpris, ou peut-être n'étaient-ils pas encore habitués à tuer ?

— Et maintenant, dit Firmin, vous allez me faire le plaisir de foutre le camp ! Je me fous pas mal que vous fusilliez ce type, mais faites-le ailleurs !

— Salaud ! lança le jeune homme en se relevant.

— Non, dit Firmin, tu m'as insulté et en plus tu voudrais prendre ma muraille pour un abattoir ! Écoute bien, poursuivit-il d'une voix beaucoup plus douce, si ce gars mérite la mort, les bois ne sont pas loin. Allez-y faire ce que vous avez à faire, mais ne le faites pas en rigolant, la mort, c'est quelque chose de sérieux.

— Ça va, grogna le chef, on fout le camp, mais on se retrouvera...

— Si tu veux, dit Firmin, mais crois-moi petit, tu risques d'avoir plus besoin de moi que moi de toi !

— Ça m'étonnerait !

— Tu crois ? Tiens, regarde plutôt ton fusil. Depuis que tu es tombé ta culasse est ouverte et tu vas perdre tes cartouches... en plus, y a de la terre dans ton canon ! Tu m'as l'air de faire un drôle de petit soldat !

Firmin les vit disparaître en direction du bois des Truffières.

Une salve retentit peu après et il attendit en vain le coup de grâce.

Il hocha la tête :

— Ces pauvres petits morpions, ils ne savent rien !

Edmond lui apprit quelques jours plus tard que toute la bande de jeunes maquisards avait été anéantie au cours d'une embuscade mal préparée.

— Et alors, reprocha Firmin, qu'est-ce que tu fous, tu pouvais pas t'en occuper, non?

— Nous n'avons même pas eu le temps de les contacter, ils étaient trop pressés de se battre.

— Dis, reprit Firmin après un long silence, les tiens, oh ! ça va ne te défends pas je sais que vous êtes toute une équipe, oui, eh bien, les tiens, tâche au moins de leur apprendre à tenir un fusil, parce que autrement ça finira par un beau massacre, toutes vos histoires... Et puis écoute, en ce moment j'ai des fruits à pas savoir où les mettre, alors si vous en voulez, venez les prendre.

— Tu crois que quelqu'un vous a mouchardés ? demanda Firmin en regardant par la fenêtre.

— Ça m'étonnerait, dit Edmond, mais enfin...

— Et ton poste, il est toujours dans le clocher ?

— Penses-tu, il y a belle lurette qu'il est parti.

— Ils font toutes les maisons, nota Firmin, on dirait qu'ils cherchent quelqu'un...

Là-bas, sur la place, la quarantaine d'Allemands en armes qui venait de débarquer des camions se scindait en petits groupes dont certains entraient déjà dans les habitations.

Il avait fallu attendre ce mois de mai 1944

pour que les Landes se sentent vraiment en guerre. Jusque-là, aucun de ces guerriers en uniforme verdâtre n'avait jugé utile de venir se perdre ici. Aujourd'hui, ils étaient là et leur arrivée bruyante avait surpris les gens à l'heure du repas.

— Tiens, prévint Firmin, ils viennent par là. Tu dis que t'as pas de raison de te cacher, t'en es bien sûr ?

— Mais oui, oh ! et puis de toute façon s'ils sont venus pour me ramasser tu peux être sûr que tout est cerné...

— Et voilà, constata Firmin, maintenant, ce vieux salaud de maire discute avec eux, parole il va leur proposer sa femme !

— Que font-ils ? demanda Edmond qui n'avait pas quitté la table.

— Y en a quatre qui s'amènent droit sur nous...

Edmond grignota machinalement une feuille de salade.

— Écoute, dit-il, s'ils me ramassent, tu préviendras les autres, hein ? Tu leur diras de surveiller le petit Hervé, je m'en suis toujours méfié.

— D'accord, répondit Firmin et il se tourna vers la porte qu'une main venait de pousser.

— Bonjour ! dit l'Allemand en entrant. (Trois hommes le suivirent et laissèrent la porte ouverte derrière eux.) Bonjour ! redit le visiteur qui se fendit d'un large sourire.

— Salut, mon gros lapin, marmonna Firmin en inclinant la tête.

— On est pas ennemi nous, commença l'Allemand dans un français plus que douteux, on vient en ami, et vous, faut faire ami avec nous !

— Ah ! ah ! lança Firmin.

— Je suis le curé du bourg, intervint Edmond, soucieux de ne pas laisser à son cousin le soin de mener le débat.

— *Ach so,* dit l'Allemand en hochant la tête, c'est bon le curé, moi, catholique !

— Mon Dieu..., soupira Firmin.

— Alors voilà, redit Edmond, je suis le curé, c'est tout...

— Et lui ? demanda l'Allemand en désignant Firmin.

— Moi, je suis sacristain, c'est moi qui sonne les cloches ! Les cloches, dit-il en faisant mine avec ses bras de se suspendre à une corde. Je sonne, expliqua-t-il et Edmond se sentit pâlir lorsqu'il l'entendit imiter son trop fameux : ding ding ding Dong, ding ding ding Dong...

— Arrête ! souffla-t-il, tu es complètement cinglé !

— *Schön,* dit l'Allemand, très bon ! c'est joli les cloches ! Vous bons Français, alors vous nous donner vos œufs...

— Il déconne ou quoi ? demanda Firmin, c'est pour ramasser des œufs qu'ils sont venus avec deux sections ?

— *Ja ja,* des œufs ! dit l'Allemand en souriant.

— Pas d'œufs ! dit Edmond.

— Moi non plus, dit Firmin.

— Ah ! ah, et pourquoi pas d'œufs ?

— J'ai pas de poules... mentit Firmin.

— Ah ! ah, et pourquoi pas de poules ?

— Parce que j'ai pas de coq !

— Ah ! ah, redit l'Allemand en se grattant le crâne, alors pas d'œufs ?

— Ben non, puisque j'ai pas de coq !

— Tu es complètement fou, murmura Edmond qui essayait de garder son sérieux.

— Penses-tu, il pige rien, dit Firmin en se versant un verre de vin.

— Pas de cochon, non plus ? demanda l'Allemand, nous bien payer les cochons !

— Jamais de cochon à quatre pattes ici... dit Firmin qui se garda bien malgré tout de lever les yeux en direction du jambon pendu au-dessus des visiteurs.

— Alors pas d'œufs et pas de cochons ? Pas de beurre non plus ? questionna l'Allemand décidément affamé.

— Pas de vache, pas de taureau, pas de lait, pas de beurre, récita Firmin.

— Fait chaud..., dit l'autre en louchant sur la bouteille de vin.

— Plutôt, oui, reconnut Firmin. (Il vida son verre cul sec et s'en servit un autre.) Vous voulez boire un coup ? proposa-t-il.

— Fais pas l'imbécile, supplia Edmond.

— *Ja ja,* vous bons Français.

— Faut sortir, la cave est dehors, dit Firmin.

Edmond crut un instant que son cousin allait leur désigner le puits et il respira mieux lorsqu'il vit que le groupe se rendait bien à la cave.

— Allez, invita Firmin en tapant sur un tonneau, buvez, mes potes ! (Il leur servit le vin à pleins verres. Ils en burent un, puis deux, puis d'autres.) Allez, buvez, insista Firmin, c'est le curé qui paie, c'est du bon vin de messe, ça, hein ?

— Bon Français, bon Français, balbutia l'Allemand peu après. Il faisait chaud et le vin était honnête, c'est donc en titubant légèrement que les quatre soldats se dirigèrent vers la ferme du père Delbot. Ils trouvèrent chez lui quelques œufs déjà couvés et tombèrent dans un beau traquenard lorsque le père Delbot leur servit ingénument une grande rasade du vieux marc dont il usait d'habitude pour soigner ses bêtes malades...

X

— On a quand même de la chance, dit Edmond le lendemain, mais alors toi, bravo, tu n'en rates pas une !

— Ben quoi ? On a bien rigolé ! T'as vu, il a fallu qu'ils aillent récupérer les types en camion, ils ronflaient dans le jardin du père Delbot ! Oh ! remarque, il les a assommés le vieux, sa gnôle fait au moins 75° !

— Oui, dit Edmond, mais avec des lascars comme toi, on peut remercier le Seigneur de nous avoir envoyé des pauvres types de la Wehrmacht et non des S.S., parce qu'avec eux et tes fantaisies, on était bon !

— Ouais, mais j'aurais rien dit ! Oh ! et puis d'ailleurs j'ai pas l'impression que les S.S. demandent les œufs, ils doivent les prendre et puis c'est tout ! N'empêche, il faut bien que les autres soient dans la purée pour en être réduits à courir les fermes ! Dis, ça s'affole un peu votre débarquement ? Ça fait je sais pas combien de temps que tu m'en parles.

— Il ne devrait pas tarder, assura Edmond, on a eu de bons parachutages ces jours-ci.

— Ah oui ! tiens, justement parlons-en, dit Firmin, je voulais te dire, tu feras la commission à tes FiFi... Écoute bien, si je retrouve comme ce matin quelques bidons dans mon mur sans qu'on m'ait rien dit avant, parole, je fous tout dehors et j'y mets le feu !

— On a été pris de court, expliqua Edmond, le camion est tombé en panne hier soir.

— M'en fous, fallait venir me demander la permission.

— Mais, voyons, Firmin, ne sois pas ridicule, il était une heure du matin ! Et puis on a tout vidé, non ? C'est pas pour quelques heures...

— Je sais, mais moi, dans ma muraille, je veux savoir ce qui s'y passe. Je me méfie de vous, vous êtes capables de m'y foutre des explosifs... Alors, suppose que ça pète, qu'est-ce qu'elle devient ma muraille, hein ? Qui c'est qui la rebâtira ? Pourquoi tu rigoles, vous en avez déjà mis ? Qu'est-ce qu'il y avait dans ces bidons ?

— Oh, pas grand-chose... enfin, un peu de plastic, quoi... et puis des munitions...

— Mais miladiou, je te l'ai dit cent fois. Je veux pas de ces trucs qui pètent ! Si tu sais pas où les foutre, amène-les à la maison, je les mettrai dans ma cave, mais pas dans ma muraille vingtdiou de vingtdiou !

— Jure pas !

— Je jurerai si j'en ai envie ! Bon, dit Firmin soudain radouci, c'est pas le tout, faut que j'aille à mon mur. T'as vu, m'en manque plus qu'un mètre.

— Tu vas t'ennuyer ensuite.

— Non, je recommencerai l'autre côté.

— Tu parles sérieusement ?

— Et alors, tu crois pas que je vais rester à rien faire ? lança Firmin, je suis pas comme toi, moi, une messe par jour ça me suffirait pas, si j'étais curé, pouh ! J'en dirais au moins vingt !

Il sortit du presbytère, siffla son âne et s'éloigna.

Firmin activa la sonnette à la fin de l'élévation puis, comme chaque fois, se retourna pour voir si les fidèles lui avaient obéi. Pour Firmin la sonnette donnait des ordres. Edmond avait eu beau lui expliquer que son rôle était d'inviter l'assistance à se recueillir davantage, lui, il avait traduit : obliger. Un coup de sonnette, tout le monde à genoux, un autre, on lève la tête, un autre, on se relève, ainsi de suite et sans discussion.

Firmin servait la messe en semaine depuis plusieurs années. Au début, il s'y était énergiquement refusé.

— Je comprends rien à tout ce que tu veux me faire dire et puis je vais m'embrouiller avec tes petites bouteilles !

Avec beaucoup de patience, Edmond lui avait appris à réciter les répons sans les avaler, à ne pas sonner à tout bout de champ et, surtout, à verser l'eau ou le vin à bon escient.

Il avait fallu que l'enfant de chœur qui servait en semaine tombe malade pour que Firmin accepte, en maugréant, de le remplacer. Il avait très vite pris l'habitude et depuis il servait tous les matins sauf le dimanche.

— Le dimanche, je ne peux pas, j'ai ma quête ! avait-il dit une fois pour toutes.

A vrai dire, la quête était un prétexte, la véritable raison était qu'il continuait à s'esquiver pendant le sermon pour « faire » une tête...

Edmond poursuivit la célébration du Sacrifice. Il donna la communion aux trois femmes présentes, termina la messe, puis regagna la sacristie pendant que Firmin éteignait les cierges.

— T'as vu, dit ce dernier en rejoignant son cousin, la vieille Caty est pas venue.

— Tu surveilles les fidèles maintenant ? plaisanta Edmond.

— Ben non, mais... déjà que t'as pas grand monde, c'est vrai quoi, c'est pas du boulot une messe pour trois !

— Cinq avec nous deux, dit Edmond en enlevant sa chasuble, la mère Caty est malade, on me l'a dit hier soir, expliqua-t-il.

— Ah ! bien, dit Firmin qui estima que c'était une excuse valable.

Ils quittèrent l'église ; l'âne, qui attendait son maître, leur emboîta le pas.

— Je ne comprends pas, dit Edmond à voix basse, d'après les messages, c'était imminent...

— Tiens, constata Firmin, tu parles tout seul, toi aussi !

— Non, non, mais je ne comprends pas, on est déjà le 6 juin et ils ne bougent pas !

— Ils se foutent de nous tes Anglais, je te l'ai toujours dit !

— Mais non, ça ne peut pas tarder maintenant.

— Regarde, dit Firmin, y a encore un type dans ton jardin.

— C'est Jean ! s'exclama Edmond et il se mit à courir.

— Tu vas te casser la gueule avec ta soutane, prévint Firmin sans accélérer son allure.

— Ça y est ! hurla Edmond depuis le presbytère, ils sont là !

Alors Firmin s'élança et l'âne trotta à ses côtés.

— C'est vrai, ils sont là ?

— Oui, depuis ce matin !

— Vingtdiou, les cloches ! Toutes les cloches, dit Firmin en détalant vers l'église.

— Pas la petite, elle est fêlée ! recommanda Edmond.

Mais son cousin ne l'entendit pas. Il entra en trombe dans l'église, se signa par réflexe, saisit les trois cordes à la fois et déclencha un infernal carillon.

— Ah ! Mille... heu... ! lança-t-il en tirant à plein corps.

Là-haut, dans le clocher recouvert de pierres plates, les trois cloches tintèrent comme au jour de leur baptême. Elles lancèrent dans la campagne leur mélange de sons, un grave, un doux mais aussi hélas, un suraigu car la petite cloche fêlée avait succombé très vite sous la poigne du sonneur.

— Arrête ! dit Edmond en accourant, tout le village se demande ce qui se passe.

— Et alors ? interrogea Firmin sans s'arrêter.

Le maire entra à son tour :

— Qu'est-ce qui te prend, tu es malade ?

— On fait le signe de croix quand on vient ici, dit Firmin en ralentissant un peu ses tractions, et puis fous-moi la paix, c'est le débarquement !

— Arrête-toi ! ordonna le maire en s'approchant.

— Ça ne te plaît pas ? demanda Firmin qui continua encore pendant deux bonnes minutes.

Il s'arrêta enfin et le nargua.

— Alors mon poulet, t'es pas content ? lança-t-il au maire.

— Ne me parle pas sur ce ton !

— Sortons, dit Edmond, nous sommes dans une église.

— Moi, dit Firmin dès qu'il fut sur le parvis,

les collabos je les emmerde ! D'ailleurs je viens de sonner leur enterrement ! Et s'ils sont pas contents, cria-t-il à la cantonade, eh ben, s'ils veulent on peut leur chanter la messe en plus...

Il y eut quelques discrets haussements d'épaules et beaucoup de rires dans l'attroupement qui s'était formé devant l'église.

— Y a pas de collabos ici ! assura le maire.

— Très bien, dit Firmin en riant, mais si tu veux un coup de main, faut le dire...

— Pour quoi faire ?

— Pour tourner ta veste, une fois de plus !

— Viens, coupa Edmond, laisse tomber, de toute façon la guerre n'est pas finie, hélas.

Ils fendirent le groupe et partirent vers le presbytère.

— T'as vu ces salauds, ragea Firmin, ils ont la trouille. Ma parole, maintenant en insistant un peu on leur ferait gueuler vive de Gaulle ou vive Tcheurtchille !

— T'inquiète pas, prédit Edmond, tu n'auras même pas besoin d'insister, ils gueuleront plus fort que toi.

Tout le monde cria Vive la France quand au soir du 20 août on apprit au bourg des Landes que la préfecture était enfin libre ainsi que toute la région. Les drapeaux sortirent comme par miracle et fleurirent les fenêtres. Un bal s'organisa très vite et le patron du bistrot offrit à boire gratuitement. Il avait, pour cacher la plaque blanche en forme d'affiche qui tranchait sur son mur sale, mis un gros bouquet champêtre aux couleurs de la Patrie.

C'était d'un si bel effet que dès le lendemain la salle de la mairie s'orna elle aussi d'une énorme gerbe. Elle prit place au-dessus de Marianne et assura l'intérim...

Firmin s'empara d'une pierre, la tourna et la retourna entre ses mains, parut hésiter, puis l'installa malgré tout du mieux qu'il put et regarda pensivement son œuvre.

La muraille était presque finie. Il aurait suffi de quelques bonnes journées de travail pour terminer définitivement ce centième et dernier mètre. Chose curieuse, la construction de cet ultime mètre traînait en longueur. Elle n'avançait pas, ou très peu, et stagnait presque au même point depuis plusieurs mois. On était en décembre 1944 et Firmin savait très bien que sa muraille aurait dû être terminée depuis août ou septembre. Il le savait, se le reprochait, mais ne faisait pas grand-chose pour rattraper le temps perdu. Il venait pourtant tous les jours, mais au lieu de se mettre franchement à l'ouvrage, il rôdait, traînaillait à droite ou à gauche et ne se décidait pas à clore, une fois pour toutes, ce qui représentait vingt-six ans de sa vie.

Il s'éternisait devant le mur pour se pénétrer de sa présence, se persuader obscurément qu'il ne pourrait jamais s'en détacher. C'était sa façon à lui de dire non à la fuite du temps.

Le fait d'être sur le même chantier depuis vingt-six ans le rajeunissait d'autant d'années. Cette muraille, c'était une étape, où s'inscrivait une tranche de vie à laquelle il s'agrippait. Pour lui, être toujours là, cela signifiait qu'il travaillait encore à l'œuvre de sa jeunesse.

Il était un peu comme un père qui, après avoir éduqué son fils, devine que cet adulte qu'il a créé va faire de lui un grand-père ; un homme d'un autre âge dont le rôle ne sera plus le même. Alors, tout comme un père fignole l'éducation, en se disant qu'il a encore beaucoup à dire et que cela retardera peut-être le départ du fils, Firmin revenait sur sa muraille. Il l'arpentait, la regardait, glissait des petits cailloux inutiles entre les grosses pierres et la retenait à lui en ralentissant son achèvement. Il sentait bien que c'était illusoire et que, quoi qu'il fasse, le peuplier du cadran solaire tournait implacablement devant les douze pommiers.

Pourtant, il attendait.

C'est qu'il éprouvait aussi une frayeur confuse. Il avait peur ; peur de quitter ce vieux mur rassurant, îlot qu'il avait façonné et auquel il se cramponnait. S'il venait à bout de l'ouvrage, il lui faudrait chercher un autre asile et le créer d'abord avant de le posséder.

Maintenant qu'il touchait son but, qu'il savait avoir gagné cette première et colossale manche, à la satisfaction qu'il éprouvait, se mêlait un doute. Celui d'avoir travaillé pour rien, de n'avoir ni le courage ni la force nécessaires pour entamer une autre muraille. Il s'attardait sur la première pour retarder l'ébauche de la seconde ; il redoutait ce recommencement.

Il ne pouvait en outre s'empêcher de compter.

— Vingt-six ans pour cent mètres, combien pour les quatre-vingt-cinq qui restent ? J'ai quand même cinquante-six ans...

Il était encore très solide pourtant et si ses forces avaient un peu décliné elles étaient quand même efficientes. Il ne craignait pas la fatigue, il appréhendait simplement de ne pas pouvoir finir son deuxième chantier. Malgré la hantise de laisser une œuvre inachevée, il se cantonnait dans l'inaction, multipliant ainsi les risques d'échec.

« Et si j'avais perdu tout mon temps... », se demandait-il souvent en regardant le rempart majestueux. Cela tourna à l'angoisse. Cette question, jadis, il l'avait combattue et chassée sans trop de mal. Maintenant il l'analysait mais ne trouvait aucune réponse. L'incertitude le rongeait comme un cancer.

Mais il n'était pas homme à se laisser aller. Il s'efforça d'éloigner ces idées dangereuses. Pendant les longs mois que dura cette crise, pendant toute cette période où il hésita entre la prolongation du passé et la marche vers un nouveau combat, il s'occupa activement de ses arbres, soigna les plates-bandes où poussaient à présent des légumes et fit de son bois des Roches une réelle oasis.

Ce fut par un matin d'avril 1945, et parce que c'était le printemps, qu'il prit conscience de la somnolence malsaine dans laquelle il s'engourdissait. Il eut la vision des années qui l'attendaient s'il se laissait gagner par la paralysante nostalgie du temps écoulé. Il se vit tel qu'il serait si, refusant la bataille, il acceptait passivement de prendre une sorte de retraite en admirant sa muraille et en soignant ses arbres. Il se vit vieux, aigri et grognon, et il se vit surtout inutile.

Un deuxième souffle régénéra alors son esprit, gonfla ses muscles et le lança contre la muraille inachevée.

« Mais, vingtdiou de miladiou, Firmin, qu'est-ce que tu fous ? se dit-il avec reproche, bon Dieu, ça devrait être fini depuis longtemps, ma parole, t'es devenu feignant. »

Et les pierres s'élevèrent. Il les monta, les assembla et referma avec art ce verrou de cailloux qui clôtura en même temps cent mètres de muraille et vingt-six ans de vie.

Dès qu'il eut fini, dès qu'il eut encastré le dernier bloc, la joie, dont il avait perdu la saveur pendant plusieurs mois, revint à lui et l'inonda. Il vit son travail avec un regard nouveau, avec les yeux d'un peintre qui, venant de signer une aquarelle qu'il ne peut plus retoucher, se recule, regarde et découvre son œuvre. Firmin connaissait sa muraille dans les moindres détails, mais à la façon du bâtisseur dont l'esprit se braque sur le travail qui reste à faire. L'œil est toujours déformé par la vision du projet. Ce jour-là, il vit enfin ce qu'il avait réalisé et ce qu'il découvrit concorda avec ce qu'il désirait voir depuis le mois de décembre 1918.

Ma muraille sera là, elle partira de là et filera jusqu'au fond du champ.

Elle était là, massive et belle, elle s'offrait au jugement des hommes en leur jetant à la face son inutilité, son volume, son poids mais aussi l'acharnement, la volonté et la maîtrise de son créateur.

— Voilà, dit Firmin, j'ai quand même fait ça.

Il prit dès le lendemain la direction du bois communal et commença une nouvelle lutte. L'âne, retrouvant dans les bois le chemin ouvert par son prédécesseur, traîna les quartiers sur lesquels reposerait la deuxième muraille.

Firmin se crut rajeuni, la confiance lui revint.

Pendant six mois, il transporta et aligna des blocs puis, un soir d'automne, alors que les vols de palombes annonçaient le proche hiver, il se sentit soudain las et sans force.

C'est un homme triste qui, assis sur un rocher, constata la démesure de sa propre ambition. La hantise de s'attaquer trop tard à une tâche trop grande recommença à grignoter sa volonté. Il réalisa avec lucidité que sa deuxième muraille risquait de ne jamais voir le jour. Il la voulait trop belle, trop longue et six mois de labeur acharné n'avaient créé qu'un tracé sommaire. Il comprit qu'il venait de faire en six mois ce qu'il aurait jadis construit en soixante jours.

Le découragement qu'il avait jusque-là repoussé l'enveloppa de toute part. Il lutta, chercha à se dégager puis chancela.

Il éprouva une sensation étrange, ressentit une fatigue nouvelle qui se coulait dans ses muscles gourds, ses doigts usés, ses reins douloureux. En même temps, des idées sombres trop longtemps étouffées remontaient en lui, il en sentait les racines inextricables qu'il n'aurait plus la force d'arracher.

Alors, frappé au plus profond de lui-même, il s'abandonna; il eut honte.

Ce mur ridicule, stupide et orgueilleux, il le reniait comme il reniait sa vie ratée, finie, perdue.

Et lentement, le ciel se brouilla devant lui. La muraille tremblota, sembla s'écrouler puis se dédoubla.

Elle ne reprit sa forme que beaucoup plus tard lorsque les larmes eurent roulé sur ses joues qui en avaient oublié la tiédeur et les lèvres le goût.

Ce soir-là, et pour la première fois sans raison valable, il quitta son bois des Roches avant l'heure habituelle avec au fond de lui la pénible impression de déserter et de trahir.

Pendant plusieurs jours, il n'alla pas à sa muraille. Il bricola dans son enclos, bêcha quelques plates-bandes et essaya surtout de reprendre pied. Il refusait l'abdication, c'était trop simple de s'arrêter, trop facile. C'était un système de vieux, mais pas de vieux de cinquante-sept ans, de vrai vieux, quoi ! Il avait beau s'en défendre, les faits étaient là, le travail était immense et les jours trop courts. Edmond se rendit très vite compte dans quel état d'esprit se trouvait son cousin. Il comprit que si rien n'intervenait, si aucune solution ne se présentait, Firmin, séparé de son travail, succomberait comme succombe un alcoolique subitement privé de boisson. Oh ! il ne mourrait pas, mais il vivrait désormais sans but, sans goût, sans occupation. Déjà, et depuis quelques jours, il devenait taciturne et lointain et lui, d'habitude si bavard, s'isolait maintenant dans de longs silences. Un soir, alors qu'ils venaient tous les deux de dîner ensemble au presbytère, Edmond porta le fer rouge dans la plaie.

— Et ta muraille, ça marche ?

Firmin comprit où Edmond voulait en venir et ne chercha pas à se dérober. Il refusa de crâner, de mentir et c'est avec soulagement qu'il accepta de faire le point.

— Non, ça ne va pas, ça n'avance plus et je me crève.

— Eh bien, repose-toi un peu, après tout rien ne presse, tu as le temps.

— Tu sais bien que non, ni toi ni moi n'avons vingt ans...

— Oui, mais quand même, tu ne vas pas me

dire que tu te sens vieux ? Cinquante-sept ans ce n'est pas une affaire !

— Non mais quand même, ça commence...

— Allons donc ! N'oublie pas que Clemenceau avait soixante-seize ans quand il a sauvé la France !

— D'accord mais... il n'avait pas fait une muraille pendant près de trente ans, il n'avait pas passé sa vie à remuer des pierres, tandis que moi...

— Tu le regrettes ? demanda Edmond.

Il savait qu'il touchait là le point le plus délicat.

— Non, dit très vite Firmin. (Il regarda le feu qui craquait dans l'âtre puis haussa les épaules.) Non, redit-il, enfin... je ne sais pas. Peut-être que j'ai perdu tout mon temps, que les autres ont raison et que je suis fou... Dis, tu crois que je suis fou ?

— Tu dis des bêtises, tu sais très bien que tu as réussi la plus grosse partie de ton œuvre et que tu as largement le temps de la finir.

— Tu crois ?

— Mais oui, allons remets-toi au travail et continue.

— Quoi ? c'est toi qui m'encourages maintenant à remuer des cailloux, qui me pousses dans cette folie, alors ça curé, c'est la meilleure !

— Ce n'est pas une folie, dit Edmond.

Mais il n'ajouta rien. Il pouvait dire : ce n'est pas une folie ; il n'aurait pas pu dire pourquoi.

La vie et le travail de Firmin étaient-ils ceux d'un homme équilibré ? Pourquoi s'était-il lancé — était-ce sciemment ? — à corps perdu dans cette œuvre inexplicable ? Quels mobiles obscurs l'avaient poussé et soutenu pendant trente ans ?

Chaque fois qu'il tentait de résoudre ces énigmes, Edmond en ressentait aussitôt une gêne que rien ne pouvait dissiper, car vraiment le bon sens n'était pas du côté de Firmin.

Il s'aperçut que son cousin le regardait en souriant et l'interrogea du regard.

— Oui, dit Firmin un peu narquoisement, je te connais curé, t'es ben comme moi... Tu dis : c'est pas une folie, mais qu'est-ce que ça change de le dire ? Moi aussi je me suis toujours dit : c'est pas une folie, mais encore une fois, qu'est-ce que ça change, hein ? On peut bien dire : ça, c'est blanc ! même si c'est rouge, on peut le dire, oui, et le croire, mais n'empêche ça reste quand même rouge...

— Oui, avoua Edmond, mais l'important c'est de bien faire ce qu'on croit avoir à faire.

— Et si on se trompe, et si on se fout dedans pendant toute sa vie, qu'est-ce que ça donne quand on s'en aperçoit ?

— Je ne sais pas, reconnut Edmond.

Ils restèrent silencieux, puis Firmin cracha dans le feu et releva la tête.

— Moi, je crois que si on s'aperçoit qu'on s'est foutu dedans et qu'il est trop tard pour faire autre chose, eh ben, si ça gêne personne, faut continuer...

— Sans doute, dit Edmond.

— Non, pas sans doute, peut-être...

XI

Firmin lança toutes ses forces dans la bataille, mit toutes ses réserves dans ce dernier et long combat. Il s'était décidé la veille au soir en revenant du presbytère et maintenant il voulait travailler, travailler encore, en faire toujours plus. Il fallait gagner des années et lui qui avait l'habitude de prendre son temps, retrancha de sa vie tout ce qui risquait de lui faire perdre quelques heures.

Il abandonna la collecte des bouses et récupéra ainsi près de deux heures par jour. Il ne s'occupa plus de son enclos et cultiva à la sauvette dans son bois des Roches les quelques légumes dont il avait besoin. Il savait d'ailleurs que son ramassage et sa vente annuelle de truffes combleraient toujours ses modestes désirs.

Il abrégea son sommeil et, lui, qui ne dormait déjà pas beaucoup, fut le dernier couché et le premier levé de toute la commune.

Malgré cela, il ne négligea pas son rôle de

sacristain et Edmond le trouva toujours présent pour la messe et l'Angélus.

Il continua également à couper les cheveux et les barbes le dimanche matin et s'il persévéra dans cette modeste tâche ce fut, peut-être, pour ne pas rompre tout contact avec ses semblables.

Pendant huit mois, il transporta des pierres et créa tout le soubassement des quatre-vingt-cinq mètres de muraille. Alors l'espérance revint. En effet, il suffisait juste de prendre les cailloux du bois des Roches et de les échafauder. Les pierres étaient là, à portée de la main, c'était presque un jeu d'enfant.

Il s'installa dans une vie d'un autre âge, d'une autre époque et s'il resta au courant de l'actualité, il ne parvint plus à s'y intéresser. Il abandonna en cours de route l'évolution du monde qui l'entourait, se laissa distancer et n'en ressentit aucune gêne.

Sa vie n'était plus qu'une titanesque muraille qu'il fallait coûte que coûte mener à sa dernière pierre. Il calcula les jours non plus en heures mais en volume de cailloux. Un jour c'était tel cubage, un mois c'était tel cubage multiplié par trente et ainsi de suite.

Il ne parlait même plus de son travail à Edmond et c'était un moyen de se préserver des doutes qu'aurait pu lever un dialogue.

Il chassa de sa pensée toutes les questions insidieuses qui risquaient de le décourager, il se répéta simplement qu'il fallait finir et que le reste était sans importance.

Au bourg, de même qu'on ne s'étonne pas chaque matin de voir le soleil se lever, on ne parla plus de la folie de Firmin, elle était évidente, aussi évidente et naturelle que le cycle du temps.

Pendant dix ans, Firmin travailla sans relâche.

Il n'était plus question de remettre en cause l'utilité de l'œuvre, seul comptait son achèvement.

C'est un peu pour changer le rythme de son travail mais surtout par défi, qu'il avait abandonné la construction par tronçons. La nouvelle clôture jaillissait du sol sur toute sa longueur. Le temps n'était plus aux petits morceaux de vingt mètres, ce qu'il fallait, c'était que tout ou rien soit fini.

En dix ans et sur quatre-vingt-cinq mètres le mur s'était élevé d'un mètre. Firmin posa la seule pierre qui manquait pour que cette couche soit finie par un matin de juillet 1956. Il dut, malgré sa joie, reconnaître que dans l'heure qui allait suivre, la physionomie plate et ordonnée de la muraille changerait d'allure à son désavantage. Pour le moment, elle était belle car elle pouvait passer pour accomplie. Sa table de quatre mètres de large fermait maintenant le dernier côté du bois, elle partait du premier édifice, s'éloignait vers l'entrée du champ et formait une large et sérieuse frontière.

— Eh oui, dit Firmin, si je m'arrêtais là, on pourrait croire que j'ai fini, il lui manque juste deux mètres de plus pour être comme l'autre mais elle n'est pas laide.

Il se demanda, un court instant, s'il n'allait pas s'arrêter là. Tout le monde penserait que son but était atteint, qu'il avait, de tout temps, décidé de ne donner qu'un mètre de haut à ce rempart. Il songea aussi que le seul fait de poser la première pierre de la deuxième épaisseur l'obligerait à poser toutes les autres. Pour le moment il pouvait encore choisir, il était libre de s'arrêter et de laisser un travail propre. Libre aussi de jouer le jeu jusqu'au bout en s'attaquant à une nouvelle couche. Il n'hésita pas longtemps, souleva un gros bloc et le hissa à l'angle du mur. Il regarda le moellon qui dépassait, sut qu'il ne l'enlèverait pas et que le seul moyen de le faire disparaître était de bâtir, de bâtir encore.

Firmin roula une cigarette puis interrogea le peuplier de son cadran solaire. L'arbre, majestueux, lui indiqua qu'il était l'heure d'abandonner provisoirement le travail pour aller servir la messe.

En été, Firmin était debout bien avant le lever du soleil. Il était venu comme chaque matin à sa pièce alors que la nuit s'attardait encore dans les sous-bois.

Depuis quinze jours, la deuxième partie de sa muraille avait à son extrémité une bosse bien visible.

Il était maintenant évident, pour n'importe quel promeneur, que la construction était en cours et qu'il faudrait près de cent mètres pour qu'elle soit correctement achevée.

« Je finirai bien ! » pensa Firmin en s'éloignant.

Il arriva au village vers sept heures moins le quart, ouvrit l'église et prépara l'autel avec soin.

— Salut curé ! dit-il comme d'habitude lorsque Edmond arriva.

L'office commença, Firmin remarqua qu'il n'y avait que deux paroissiennes et que ce n'était vraiment pas épais. Il sonna et se retourna tout en sachant qu'il ne serait pas obéi car les vieilles étaient sourdes. Puis sa pensée vagabonda, s'éloigna vers le bois des Roches.

« J'aurai juste assez de pierres pour tout finir et peut-être même qu'il m'en manquera un peu mais, baste, ça c'est pas grave. »

L'élévation le ramena à sa tâche, il sonna encore puis s'inclina comme Edmond le lui avait appris en un temps déjà très lointain.

C'est à la lecture du dernier Évangile qu'il se sentit mal. Il oscilla, tendit les mains vers son cousin qu'il devinait dans le brouillard puis tomba et roula sur les marches.

Edmond se précipita sur lui, lui frappa les joues et eut peur.

— Appelez le médecin ! hurla-t-il aux vieilles.

Il le traîna comme il put jusqu'à la sacristie et l'allongea sur une banquette au velours usé.

— Firmin ! appela-t-il en lui déboutonnant la chemise.

Il se pencha, écouta le vieux cœur et sut que Firmin allait mourir. Dans la poitrine musclée qui sentait la sueur, ce n'était plus qu'un murmure irrégulier à peine audible.

— Et ce médecin, qu'est-ce qu'il fabrique ? marmonna Edmond.

Puis il se décida très vite et commença la prière des agonisants.

C'est au cours de la deuxième oraison que Firmin ouvrit les yeux.

Il réalisa tout de suite où il était et surtout pourquoi il était là.

— Tu m'entends ? demanda Edmond.

— Mais oui, souffla Firmin, je t'entends. (Une flamme amusée scintilla au fond de ses yeux bleus.) Je suis foutu, je le sais, toi et moi on a trop vu la mort, quand elle vient, on la reconnaît... (Il ferma les yeux et Edmond lui toucha le bras.) Non, dit Firmin, pas encore mort, tu veux que je finisse bien, alors allons-y.

Il se confessa, reçut l'extrême-onction puis ouvrit les yeux et chercha son ami du regard.

— Le médecin arrive... dit Edmond.

— M'en fous, j'en veux pas, l'ai jamais vu de ma vie, vais pas commencer aujourd'hui !

— Tu souffres ?

— Non, t'occupe, c'est pas ça, approche.

Sa main s'accrocha au bras d'Edmond et soudain toute la tristesse du monde passa dans la voix du vieux lutteur.

— Écoute, curé, écoute... Dis, tu es sûr que j'ai pas perdu tout mon temps ? Tu es sûr, dis ?

— Ne t'occupe plus de ça, ça n'a plus aucune importance.

— Mais si ! c'est ça toute l'importance, balbutia Firmin, et ma muraille, j'ai même pas pu la finir... Tu comprends, j'ai pas pu, pas le temps, c'est le temps, tu leur diras aux autres, c'est le temps...

— N'y pense plus, prions plutôt.

— Mais non, mais non, on vient de le faire, s'entêta Firmin. Dis, ma muraille, je l'ai faite pour rien, hein ? Elle sert à rien ?

— Mais si elle sert...

— Non, j'ai perdu toute ma vie après elle, fou, voilà c'est ça...

Il ferma les yeux et sa respiration devint plus saccadée.

— Réponds-moi, je suis fou, hein ? souffla-t-il.

— Mais non, tu as rempli ta vie comme tu devais la remplir.

— Mais j'ai pas fini... ai pas pu et puis... ça

sert à rien... ai gâché toute ma vie... pas d'enfants, pas d'enfants, rien, rien qui me suit...

Firmin remua la tête en signe de négation. Il était lucide encore. Il revit toute sa vie, tout son immense travail et le jugea bête.

— Firmin... appela Edmond

Il ouvrit les yeux, les tourna vers son seul ami et celui-ci y lut un reproche.

— M'as pas répondu... articula-t-il d'une voix faible.

— N'aie pas de regret, ne regrette pas ton travail, tout est utile.

— Vrai ?

— Mais oui !

— Écoute... alors, si tu dis oui, c'est vrai... Ma muraille, pour dire qu'elle sert quand même, tu promets, tu iras la bénir... supplia Firmin en serrant le bras d'Edmond, promets, la bénir, la bénir ?

— Oui, promis, j'irai la bénir.

— Aah bon... soupira Firmin.

Il redevint très calme. Ses yeux bleus brillèrent d'un dernier éclat presque joyeux.

— Ma muraille, bégaya-t-il, ma muraille... je sais pas pourquoi je l'ai faite...

Il parut trouver cela très drôle et mourut en souriant.

Achevé d'imprimer sur les presses de

BUSSIÈRE

GROUPE CPI

à Saint-Amand-Montrond (Cher)
en novembre 2003

POCKET - 12, avenue d'Italie - 75627 Paris Cedex 13
Tél. : 01-44-16-05-00

— N° d'imp. : 37403. —
Dépôt légal : novembre 1983.

Imprimé en France